Prove
INVALSI

scwoib2x3gbhw0jo

SOCIETÀ EDITRICE INTERNAZIONALE - TORINO

07298
07273
07272
07518
07519

Coordinamento editoriale: Lia Ferrara
Progetto editoriale e redazione: Giuliana Bertolo
Coordinamento tecnico grafico: Michele Pomponio
Progetto grafico: Piergiuseppe Anselmo
Videoimpaginazione: Essegi s.n.c. - Torino
Copertina: Piergiuseppe Anselmo

AZIENDA CON SISTEMA DI GESTIONE QUALITÀ CERTIFICATO DA DNV GL = ISO 9001 =

Prima edizione: 2012

Ristampa
5 6 7 8 9 10
2016

Edizione 2014
4 5 6 7 8 9 10
2016 2017 2018 2019

Stampa: Sograte - Città di Castello (PG)

INDICE

Alunno/a .... Classe .... Data ....

prova 1

Testo narrativo

Orfeo, il poeta dell'amore perduto

Il nome di Orfeo nell'antica Grecia era quasi una parola che evocava il ricordo di tempi meravigliosi e lontani, quando i versi di una poesia potevano smuovere le montagne, ammansire le belve e commuovere persino un dio terribile come Ade[1].

Orfeo non era un essere divino, ma un uomo, anzi, per essere più precisi, un eroe, cioè una creatura straordinaria, dalle capacità superiori agli altri uomini. Era nato da Calliope, la Musa[2] della poesia, e dal principe Eagro ed era cresciuto in Pieria[3] ai piedi del monte Olimpo. Da bambino, Apollo gli insegnò a suonare la lira e gliene fece dono in seguito, allorché, ormai adulto, divenne esperto nell'arte della poesia.

Era così bravo a comporre versi e a recitarli, accompagnandosi con lo strumento incantato, che Apollo stesso stava a sentirlo entusiasta. Orfeo suonava la lira nei boschi della Pieria, ombrosi e ricchi di fonti, e le fiere lo seguivano ammansite, dimenticando la loro natura selvaggia. Persino gli alberi e i sassi sembravano muoversi al canto di lui e andargli dietro, come i piccoli seguono la madre.

Da Calliope Orfeo aveva ereditato la predisposizione all'arte, ma anche una tendenza alla malinconia, tipica di tutti i poeti. Spesso lo si vedeva vagare nelle selve, con lo sguardo perso nel vuoto e un velo di tristezza sugli occhi. Orfeo era così: dolce e gentile, ma sempre un po' malinconico e distratto; come se la sua vita non fosse proprio felice e a lui, il bel cantore tracio, mancasse sempre qualcosa. Non per niente il suo nome significava in greco "oscurità" e oscuro lo era davvero Orfeo, così chiuso in se stesso e solitario.

Fu una piccola Ninfa dagli occhi simili alla luna, a distoglierlo dal suo continuo torpore. Si chiamava Euridice, ma il suo secondo nome era Argìope, che significa "dal volto luminoso". Quando Orfeo s'innamorò di lei, sembrò di colpo rinascere: il suo sguardo perse l'antica tristezza e anche il suono della lira, con cui accompagnava i suoi canti, divenne più ritmico, quasi allegro. Ora egli non vagava più da solo nelle selve della Pieria; Euridice, la sua sposa fedele, era sempre con lui, inseparabile, come l'ombra dal corpo. Un'unica volta la Ninfa si allontanò da Orfeo e da quel giorno egli non la vide mai più.

Euridice raccoglieva fiori insieme alle sue compagne e un serpente la morse alla caviglia; poi – rapido come una folgore – si dileguò in mezzo all'erba. Tutto avvenne così d'improvviso, che lei non ebbe il tempo di accorgersene; il veleno agì in un istante: la Ninfa sentì un dolore acuto, pungente e subito stramazzò al suolo, priva di sensi.

Quando Ade venne a prenderla per condurla con sé negli Inferi, il cielo si oscurò; si videro folgori terribili, che annunciavano tuoni paurosi. Poi una pioggia battente (sembrava un diluvio di sassi) precipitò sulla terra; intanto il vento portava lontano la voce delle compagne, che chiamavano disperate Euridice e la cercavano nei boschi e nelle forre[4].

A Euridice era accaduto un po' quello che era successo a Persefone[5]: come lei era giovane e bella, come lei era stata rapita da Ade, mentre coglieva fiori insieme alle sue compagne. Esse la piansero, come le Oceanine[6] un giorno avevano pianto Persefone, dal volto di bocciolo; ma chi più di tutti soffrì per la morte della Ninfa fu Orfeo. Al cantore tracio parve di essere morto anche lui, insieme alla sposa e, poiché non voleva rasse-

1. **Ade**: figlio di Crono e di Rea, è il dio che governa il regno dei morti.
2. **Musa**: le Muse, nella mitologia greca, sono nove divinità che presiedono alle arti e alle scienze.
3. **Pieria**: regione della Grecia settentrionale.
4. **forre**: gole profonde, incassate nei fianchi delle montagne.
5. **Persefone**: sposa di Ade, e quindi regina del regno dei morti.
6. **Oceanine**: divinità minori che personificavano le acque delle fonti e dei fiumi.

gnarsi alla sua sventura, continuò a cercarla per giorni e giorni, a vagare di terra in terra, chiamandola disperato.
L'eco gli riportava il nome di lei e a quel nome egli trasaliva e si voltava di scatto, quasi avvertisse, nel suono della sua voce, il segno di una presenza invisibile.
Così andò lontano lontano, sempre suonando la lira, sempre invocando Euridice, che non poteva rispondergli. Si racconta che gli alberi, i fiori e persino le nuvole avessero pietà di lui e che di notte le stelle scivolassero giù dal cielo, come labili fili d'argento, per inondare il buio di luce.
Un giorno Orfeo arrivò al promontorio del Tènaro, nel Peloponneso[7] e lì cercò l'ingresso degli Inferi. Lo trovò a stento, in mezzo alle rocce scabre: vide una discesa ripida, stretta, che si perdeva nel buio e non se ne vedeva la fine. Orfeo rabbrividiva al pensiero di andare laggiù, sottoterra, e si volse un attimo indietro a guardare la luna, che splendeva pallida in mezzo al cielo.
La luna era in ogni luogo, fantasticava il cantore: una dea grandissima, dai cui seni pioveva il nutrimento della terra. Accadeva di notte, quando la gente dormiva: le stelle della via Lattea, che abitavano le galassie dei sogni, si avvicinavano portando il latte miracoloso, che faceva crescere i frutti e i fiori, l'erba dei prati e il frumento.
Orfeo raccontava sempre questa storia a Euridice e allora lei, che stava a sentirlo incantata, s'illuminava tutta, come la luna.
«Scenderò agli Inferi, mia dolce sposa, e ti riporterò alla vita, oppure resterò sottoterra con te» pensava il cantore e si avviò giù per la discesa buia. Scese tanti gradini da non poterli contare: l'oscurità era sempre più fitta, l'aria sempre più greve. Orfeo sentiva il respiro mancargli, come se una mano di ferro gli avesse stretto la gola; tuttavia si faceva coraggio e avanzava, suonando la sua lira e cantando:
«Scuote Amore il mio cuore come il vento sul monte si abbatte sulle querce[8]».
Era così assorto nei suoi pensieri, che non si accorse neppure di essere arrivato in fondo. Doveva aver camminato a lungo, forse tutta la notte e certo sulla terra era già mattino, quando giunse nell'Erebo[9]. I suoi occhi, ormai abituati all'oscurità, scorsero la caverna sotterranea, il prato di asfodeli[10] circondato dai quattro fiumi infernali[11]. Vide le anime dei defunti, povere ombre senza vita, che gli si fecero incontro come uno sciame di farfalle. Volevano ascoltare il suo canto, le tristi note, che diffondevano nel buio quasi una brezza odorosa.
Caronte, il nocchiero[12], smise di traghettare le anime per ascoltarlo e forse (così dicono alcuni) abbandonò la sua barca e lo seguì fino alla reggia di Ade.
Il dio, che non tollerava i mutamenti e meno che mai le infrazioni alla sua legge, misurava a grandi passi la sala del trono. Il suo sguardo era più fosco che mai e tradiva visibilmente la rabbia e il malumore: «Punirò il responsabile di questo scompiglio, fosse anche Zeus in persona!» diceva. Intanto il suono della lira si avvicinava sempre di più: ormai Orfeo entrava nel palazzo reale, era nella sala del trono. Chiunque avrebbe avuto paura di presentarsi dinanzi ad Ade e Persefone; ma lui no: suonava senza rivolgere loro lo sguardo (così voleva la legge degli Inferi) e cantava con voce dolente, come se quello fosse il suo ultimo canto:

«Dolce Persefone, ti prego restituiscimi la sposa.
Anche lei aveva un volto luminoso,
anche lei era bella, come te:
una delicata fanciulla
che amava cogliere fiori.
Ora ch'è morta io che farò?
Il cuore mi si è gelato,
il sorriso è fuggito dai miei occhi».

7. **Peloponneso**: penisola della Grecia meridionale.
8. **Scuote ... querce**: versi scritti dalla poetessa Saffo, vissuta fra il VII e il VI secolo a.C.
9. **Erebo**: regno dei morti.
10. **asfodeli**: fiori dai petali bianchi.
11. **quattro fiumi infernali**: Acheronte, Stige, Flegetonte e Lete.
12. **Caronte, il nocchiero**: il dio che, secondo la mitologia greca, traghettava le anime dei morti al di là del fiume Acheronte, portandole nel regno di Ade.

Persefone ascoltava il canto di Orfeo e le sembrava di ritornare fanciulla, quando viveva sulla terra, insieme a sua madre e ogni giorno vedeva sorgere il sole. Anche Ade ascoltava in silenzio, senza battere ciglio: «Che note sono mai queste» pensava il dio, stringendo la mano alla sposa. Ciò che in seguito avvenne ha dell'incredibile: i sovrani degli Inferi concessero a Orfeo di riportare sulla terra Euridice, a un solo patto però: che egli non si voltasse indietro a guardarla.

«Quando sarete giunti nel mondo, alla luce, allora potrai volgerti verso di lei» disse Ade. Il cantore si mise in viaggio seguito dalla sposa; risalì la ripida via, aggrappandosi talvolta ai ciuffi d'erba selvatica, che crescevano sulle pareti rocciose. Quando tendeva l'orecchio, sentiva dietro di sé un misterioso fruscio, come di foglie secche e di rami: «Mi seguirà davvero?» si chiedeva perplesso. «Non odo la sua voce, non sento il suo respiro! Forse gli dèi degli Inferi mi hanno ingannato!»

Infine, quando ormai era giunto al termine del viaggio e già vedeva la luce, non resistette al dubbio. Così Orfeo si voltò: vide gli occhi di lei, la sua bocca, il viso pallido d'ombra; Euridice gli fece un cenno con la mano, per l'ultima volta, e svanì nel buio, come svaniscono i sogni. Si udì un fragore di tuono, che rimbombò tre volte nelle cavità della grotta: era la voce del Fato[13] e sembrava dicesse ad Orfeo: «Hai perso la tua sposa, ora sarai per sempre infelice!»

(da D. Bisagno, *Il tempo meraviglioso*, Edisco, Torino, 1996)

13. **Fato**: il Destino, cioè la forza a cui nessuno, nemmeno gli dei, poteva opporsi.

A1 Chi sono i genitori di Orfeo?

A due divinità
B due esseri umani
C il padre è un dio, la madre un essere umano
D il padre è un essere umano, la madre una dea

A2 Quale divinità gli insegna a suonare la lira?

A Apollo
B Zeus
C Ade
D Persefone

A3 Che tipo di strumento musicale è la lira?

A uno strumento a fiato
B uno strumento a percussione
C uno strumento a corda
D uno strumento fornito di tasti

A4 Quale delle seguenti affermazioni è falsa?

A Orfeo suonava nei boschi della Pieria.
B Le fiere restavano ammansite al suo canto.
C Gli alberi e le pietre lo seguivano, quando suonava, come i bimbi seguono la madre.
D Lo stesso Apollo restava incantato ad ascoltare Orfeo.

A5 Quale dei seguenti aggettivi non si riferisce alla figura di Orfeo?

A dolce
B gentile
C pigro
D malinconico

A6 Quale dei seguenti nomi significa «dal volto luminoso»?

A Orfeo
B Euridice
C Argìope
D Persefone

A7 **Quale figura retorica è presente nel passo sotto riportato?**

rapido come una folgore

A similitudine
B metafora
C iperbole
D ironia

A8 **La morte di Euridice non è un evento «normale», bensì un fatto che supera la dimensione umana e scatena forze soprannaturali. Da che cosa deduci questa affermazione?**

....

....

A9 **Uno dei temi di fondo di questo racconto permette di accostarlo alla *Divina Commedia* dantesca. Di quale tema si tratta?**

A la morte della propria sposa
B la consolazione che l'uomo può trovare nell'arte
C il viaggio nell'oltretomba
D l'impossibilità di combattere contro il destino

A10 **Perché Orfeo infrange la legge di Ade?**

A Perché canta nel regno degli Inferi.
B Perché non ha pagato l'obolo che si deve versare a Caronte per essere traghettati.
C Perché i vivi non possono entrare negli Inferi.
D Perché fissa il suo sguardo sul volto di Ade.

A11 **Nel racconto si dice che la musica e la poesia possono ottenere effetti straordinari. Spiega brevemente, avvalendoti degli opportuni esempi tratti dal testo, di quali effetti si tratta.**

....

....

A12 **A quale patto Orfeo ottiene di riportare Euridice sulla terra?**

A di non voltarsi prima di essere uscito dagli Inferi
B di non voltarsi prima di aver riattraversato l'Acheronte
C di costruire un tempio in onore di Ade
D di non suonare mai più la sua lira

A13 **Il testo si può suddividere in tre sequenze: 1. il giovane cantore Orfeo; 2. la storia d'amore con Euridice; 3. Orfeo nel regno degli Inferi. Indica le parole con cui inizia ciascuna delle sequenze.**

1. ....

2. ....

3. ....

A14 **La parte finale del racconto introduce un elemento nuovo, il Fato. Spiega che cosa i Greci intendessero con questo termine e in che modo esso manifesti la sua potenza nella vicenda di Orfeo ed Euridice.**

....

....

A15 **Il racconto che hai letto è una riscrittura di un mito greco. Quali sono gli elementi più propriamente soprannaturali, ossia mitici, che vi hai trovato?**

A il racconto di un grande amore destinato a una fine drammatica
B l'esaltazione della musica e della poesia
C la guerra e la forza degli eroi
D la presenza degli dei e del Fato, gli effetti prodigiosi della musica, la presenza di un personaggio di eccezionali capacità, il viaggio negli Inferi

QUESITI GRAMMATICALI

B1 **Scegli la forma corretta tra quelle proposte.**
[A] sopratutto
[B] soprattutto
[C] sopprattutto
[D] soppratutto

B2 **Quale delle parole sotto riportate ha lo stesso significato di *altissimo*?**
[A] maggiore
[B] massimo
[C] superiore
[D] supremo

B3 **Le parole seguenti appartengono alla categoria degli indefiniti, ma solo una può svolgere sia la funzione di aggettivo sia quella di pronome. Indicala.**
[A] qualche
[B] ogni
[C] nessuno
[D] qualsiasi

B4 **Quale delle parole sotto elencate può sostituire la congiunzione sottolineata nella frase seguente?**

Oggi ho un po' di febbre, <u>perciò</u> non sono andato a lavorare.
[A] tuttavia
[B] però
[C] poiché
[D] pertanto

B5 **In quale frase l'ordine è espresso con il modo imperativo?**
[A] Stai a casa.
[B] Non uscire di casa.
[C] Domani starai a casa.
[D] Non esca di casa.

B6 **Solo una, fra le voci del verbo *ritornare* sotto elencate, è adatta a completare la frase seguente. Quale?**

Dopo che .... da scuola, verrai con me a trovare i nonni.
[A] ritornerai
[B] ritorni
[C] sei ritornato
[D] sarai ritornato

B7 **Di che tipo è il verbo sottolineato nella frase seguente?**

Purtroppo domani non <u>potrò</u> venire con te al cinema.
[A] impersonale
[B] servile
[C] fraseologico
[D] difettivo

B8 **Quale funzione sintattica svolgono le parole sottolineate nella frase seguente?**

Qui si muore <u>dal caldo</u>.
[A] complemento di specificazione
[B] complemento di fine
[C] complemento di agente
[D] complemento di causa

B9 **Che funzione logica svolge la proposizione sottolineata?**

Gli allievi non sapevano <u>che scusa avrebbero potuto inventare</u> per giustificarsi di fronte all'insegnante.

[A] soggettiva
[B] oggettiva
[C] interrogativa indiretta
[D] relativa

B10 **Trasforma il testo seguente passando dal discorso diretto a quello indiretto.**

Alex mi confidò: «Oggi ho conosciuto la mia anima gemella».

....

....

Alunno/a .... Classe .... Data ....

prova 2

Testo narrativo

Il cavaliere e la dama della torre

Un tempo viveva un cavaliere del Re di Monbergis tanto ricco e potente quanto prode e amato da tutti. Una notte questo cavaliere sognò una donna bellissima per la quale nutriva un grande amore ma, purtroppo, egli non sapeva chi fosse né in quale terra abitasse; sapeva soltanto che, se l'avesse incontrata, immediatamente l'avrebbe riconosciuta. Al tempo stesso, anche la donna sognò il valoroso cavaliere e nel sogno apparve ancora il forte amore che li univa, ma purtroppo aveva il medesimo tormento: non lo conosceva e non sapeva dove lui dimorasse.

Il cavaliere, ossessionato dal sogno, un giorno decise di partire alla ricerca della dama: preparò il suo cavallo, prese con sé oro e argento e si mise in cammino senza nemmeno sapere dove andare a cercarla. Per tre settimane vagò senza alcun indizio, ma la speranza continuava a sostenerlo tanto da portarlo fino in Ungheria, terra di grande fascino e fertilità, dove, proprio sulla costa[1], trovò un maestoso castello, chiuso da un muro altissimo con una torre altrettanto alta e solida.

Il signore del castello era un conte di nobile rango che aveva una moglie di una bellezza eccezionale, della quale era innamoratissimo e così geloso da tenerla rinchiusa nella torre. Prima che si potesse raggiungere la donna, vi erano dieci porte ben chiuse, le cui chiavi erano sempre nelle mani del marito, poiché non si fidava di nessuno.

In questo periodo il conte stava combattendo una guerra con un nobile suo vicino che seminava terrore e rovina nelle sue terre. Appena il cavaliere varcò le mura del castello, alzò gli occhi verso la torre e vide la dama alla finestra: come i loro occhi si incontrarono, si riconobbero: lui seppe che quella era la donna sognata, lei seppe che lui era l'uomo apparso nel sogno e i loro cuori cominciarono a cantare di felicità. Con difficoltà la dama si trattenne dal salutarlo e non lo fece soltanto per rispetto del suo signore.

Quando il cavaliere si trovò davanti al conte, così lo pregò: «Messere, sono un cavaliere valoroso e ho tanto bisogno di trovare ospitalità e lavoro; non potevo più rimanere nel mio paese, perché un giorno ho ucciso un cavaliere. Quando sono arrivato qui, ho udito parlare molto bene di voi e, se avete bisogno di me, io mi fermerò volentieri al vostro servizio».

Il conte decise di accoglierlo di buon cuore, perché aveva sempre bisogno di soldati per la guerra che stava combattendo con il suo vicino e, con grande senso di ospitalità, lo fece albergare presso un ricco proprietario terriero.

Il cavaliere si mostrò veramente cortese e generoso, tali furono le sue prodezze d'armi che in breve tempo riuscì a catturare il nemico e a riportare la pace nel castello del conte. Per questo motivo il conte cominciò ad apprezzarlo profondamente, lo onorò, gli affidò ogni suo avere e lo fece addirittura siniscalco[2]; anche tutti gli abitanti del paese lo ebbero caro, poiché da quando lui era arrivato la guerra si era conclusa.

Un giorno il cavaliere se ne andava per il castello quando, giunto davanti alla torre, vide la dama che, rivolgendogli un cenno di saluto, gli fece capire che ben volentieri avrebbe desiderato parlare e intrattenersi con lui. Così il cavaliere, prendendo coraggio dal consenso di lei, andò dal conte e gli chiese: «Messere, io vi prego di poter avere uno spazio presso quella torre per poter costruire una dimora tutta per me e restare appartato in solitudine».

Il conte, grato per tutti i servigi che il prode gli aveva reso, benignamente glielo concesse, per cui il cavaliere cominciò a costruire immediatamente una bella magione[3],

1. **costa**: oggi l'Ungheria non ha alcun accesso al mare, ma nel Medioevo questo regno comprendeva le terre della Croazia, che si affaccia sul mar Adriatico.
2. **siniscalco**: alto dignitario di corte.
3. **magione**: casa, palazzo.

proprio vicino alla dama che amava. Durante i lavori, il cavaliere conobbe un maestro di pietre che era un forestiero molto arguto e capace. Quando arrivò ad avere confidenza con lui disse: «Amico, mi posso fidare di te? Posso confessarti un segreto che tu non userai poi a mio danno?».

«Messere», rispose l'uomo «ditemi pure il vostro segreto, da me non dovete temere nulla di male!».

E il cavaliere continuò: «Se tu farai qualcosa per me, io ti renderò un uomo molto ricco. Io amo da tempo la donna che sta chiusa nella torre, per cui ti prego che tu mi faccia una galleria, affinché possa recarmi da lei segretamente, senza che nessuno se ne avveda».

«Messere, state tranquillo, saprò farla così bene nessuno mai verrà a saperlo», concluse il maestro.

Quando l'opera fu terminata in maniera tanto perfetta, il cavaliere fu molto lieto ma, temendo che l'uomo un giorno o l'altro avrebbe rivelato il suo segreto e che la notizia sarebbe passata di bocca in bocca, crudelmente lo uccise.

Si avviò, quindi, per la galleria finché giunse direttamente davanti alla donna; qui, felici di incontrarsi finalmente si abbracciarono, si baciarono e rimasero insieme per tutto il tempo che desiderarono senza destare sospetti. Infine, il cavaliere capì che era giunto il momento di allontanarsi, promettendo che presto e di frequente sarebbe tornato; la dama però, prima di congedarlo, volle fargli dono di un suo prezioso anello.

Poco più tardi il cavaliere incontrò il conte che, festosamente, lo accolse e lo trattenne per conversare. Proprio mentre parlavano, l'uomo si meravigliò molto nel vedere al dito del suo siniscalco l'anello della moglie, ma, per non creargli imbarazzo, non fece domande e si limitò a tacere e ad andare frettolosamente verso la torre. Il cavaliere, intuite le preoccupazioni del conte, corse attraverso la casa fin dalla dama, riuscì ad arrivare da lei prima del marito, le gettò l'anello in grembo e tornò nella sua dimora. La donna lo ripose nel suo cofanetto e si recò con tranquillità nella sua camera dove fu trovata dal marito. Dopo averla salutata e averle chiesto come stava, la moglie rispose: «Malamente, messere, io devo stare qui tutta sola, per ore e ore, come se voi mi aveste rapita; mi sento addolorata e irritata!».

«Non abbiate malinconia per questo, mia cara. Voi sapete che lo faccio solo per il grande amore che vi porto! Ma ditemi, dove avete messo quel prezioso anello che vi donai?», chiese il marito.

«Che ne dovete fare? Io so custodirlo bene, non capisco perché lo vogliate vedere!» rispose la donna.

Ma il marito continuò con tale insistenza che alla fine ella glielo mostrò; quando il conte lo vide, rimase ancor più sorpreso perché era talmente simile a quello visto al dito del cavaliere che sembrava proprio il solito, ma poi pensò che molti anelli possono somigliarsi e che forse non sarebbe stato il caso di preoccuparsi ancora.

La mattina dopo, incontrando il cavaliere in chiesa durante la funzione religiosa, lo invitò cortesemente ad andare a caccia nel bosco insieme. Il giovane si scusò, ma non poteva accompagnarsi a lui, poiché aveva ricevuto buone notizie dal suo paese: gli avevano mandato a dire, attraverso un'amica, che lo avevano perdonato per l'uccisione del cavaliere. Con ciò colse l'occasione per pregare il conte di voler pranzare con lui e la sua amica nella sua dimora; il signore promise che volentieri si sarebbe unito a loro al ritorno dalla battuta di caccia.

Il cavaliere ordinò ai servitori di preparare un pranzo raffinato; poi fece scendere la dama dalla torre, la portò nella sua casa, la fece vestire con abiti portati dalla sua terra, le acconciò i capelli con una cuffia e preziosi fermagli, la trasformò in modo tale che non sembrava nemmeno la solita persona. Quando il conte arrivò, i tre si misero a tavola, ma il signore, nonostante le preghiere del cavaliere e dell'amica, non riusciva a mangiare, tanto era meravigliato della somiglianza tra la fanciulla e sua moglie. Mille pensieri tormentavano la sua mente, ma la torre era così inespugnabile e poi c'erano dieci porte di cui lui conservava le chiavi... alla fine si tranquillizzò e si disse che in fondo ci potevano essere molte donne che si somigliavano, proprio come gli anelli. Al termine della cena, tuttavia, nonostante gli onori del cavaliere e il piacere del buon pasto, non vedeva il momento di recarsi nella torre per sincerarsi che la moglie fosse lì. Appena il conte uscì, il cavaliere fece spogliare la dama degli abiti che aveva vestito, le fece indossare i suoi e, in tutta fretta, l'accompagnò nella torre.

Il conte con grande gioia trovò la moglie ad attenderlo, continuò a pensare all'incredibile somiglianza con l'amica del cavaliere, ma poi abbandonò tutti i suoi dubbi e, finalmente insieme, andarono a dormire.
La mattina successiva il cavaliere fece preparare una nave, ordinò che si caricassero tutti i suoi averi, tornò nella torre per prendere la donna, ormai sola, per portarla nella sua casa. Di nuovo la fece abbigliare nobilmente con mille accorgimenti per trasformarla e la condusse nella chiesa dove già si trovava il conte. L'uomo, ignaro di tutto e certo di aver lasciato la moglie ben chiusa nella torre, accolse la richiesta che il cavaliere cortesemente così gli rivolse: «Messere, mi è venuto il desiderio di prendere in moglie l'amica che ha pranzato con noi ieri, ed io chiedo l'onore che siate voi ad accompagnarla all'altare per celebrare il matrimonio. Poi ho deciso di tornare al mio paese poiché niente più mi impedisce di andare là!».
Il conte, ignaro dell'inganno, orgogliosamente prese per mano la moglie e la condusse dal prete che felicemente la sposò con il cavaliere. Conclusa la cerimonia, gli sposi presero congedo dal conte che addirittura volle accompagnarli alla nave e qui, con grandi onori, si salutarono.
Presto la nave prese il largo e il signore tornò alla sua torre; solo allora, non trovando più la dama, si rese conto di quanto era accaduto. Grande fu l'onta che gli pesava, ma niente a paragone dello sconforto che l'uomo provò per non poter rivedere mai più la bella moglie che tanto aveva amato.

(adatt. e cura di P. Caporali, *Medioevo favoloso,* Agorà, Torino, 1998)

A1 **Indica quale delle seguenti affermazioni è falsa.**

- [A] Il cavaliere sogna la donna.
- [B] La donna sogna il cavaliere.
- [C] Il cavaliere sa dove trovare la donna.
- [D] Il cavaliere è certo di saper riconoscere la donna, quando la incontrerà.

A2 **Ricerca sul testo e trascrivi le parole che si riferiscono alle caratteristiche della terra d'Ungheria.**

....

A3 **Qual è il titolo nobiliare del padrone del castello?**

- [A] re
- [B] duca
- [C] conte
- [D] marchese

A4 **Perché il marito della bellissima donna la rinchiude in una torre?**

- [A] Perché teme che possa tradirlo.
- [B] Perché non vuole che fugga.
- [C] Perché vuole proteggerla dal nemico.
- [D] Perché vuole punirla per un precedente tradimento.

A5 **Quale delle espressioni sotto riportate corrisponde a quella sottolineata nel testo?**

i loro cuori cominciarono a <u>cantare di felicità</u> **(riga 22)**

- [A] cantare a piena voce
- [B] esultare per la gioia
- [C] battere più forte
- [D] battere più lentamente

A6 **In che modo il cavaliere giustifica il fatto di aver lasciato il proprio paese?**

- [A] Dice di aver litigato con il re.
- [B] Dice di aver ucciso un uomo.
- [C] Dice di essere in cerca di avventura.
- [D] Dice di essere alla ricerca della donna amata.

A7 **I temi seguenti sono tipici della letteratura medioevale, ma solo uno è presente nel racconto. Quale?**

A la magia
B l'adulterio
C l'onore cavalleresco
D il senso del peccato e il timore della punizione divina

A8 **Che cos'è un maestro di pietre?**

A un maestro di scuola
B un mercante di pietre preziose
C un fabbro
D un muratore

A9 **Perché il cavaliere uccide il maestro di pietre?**

A Perché teme che riveli a qualcuno di aver scavato la galleria per lui.
B Perché non vuole pagarlo.
C Perché il lavoro è stato mal eseguito.
D Perché teme che anche l'operaio possa andare a trovare la donna.

A10 **Il cavaliere, a un certo punto, commette un atto di imprevedibile ingenuità. Di quale atto si tratta?**

A Va nella torre a trovare la moglie del signore del castello.
B Accetta in dono l'anello della donna.
C Porta l'anello al dito quando va a trovare il signore del castello.
D Uccide il muratore.

A11 **Quale dei seguenti aggettivi non è adatto a definire la personalità del conte?**

A innamorato
B astuto
C sospettoso
D ingenuo

A12 **Per quale motivo il cavaliere fa travestire la donna?**

A Perché, se riuscirà a ingannare il signore, potrà poi portarla via con sé.
B Perché ha piacere che ci sia anche lei a pranzo.
C Perché vuole fare uno scherzo al signore.
D Perché glielo ha chiesto la donna stessa.

A13 **Il testo contiene alcuni aspetti davvero inverosimili, tipici della letteratura medioevale. Quali sono i fatti che più si allontanano dalla realtà? Indicane almeno quattro.**

1. ....
2. ....
3. ....
4. ....

A14 **Da un punto di vista morale, nessuno dei tre protagonisti appare immune da colpe. Di quali colpe si rendono colpevoli?**

Il cavaliere: ....
....
....

Il conte: ....
....
....

La moglie del conte: ....

....

....

A15 **Diversi paragrafi del testo iniziano con indicazioni temporali, costituite da complementi di tempo o da proposizioni temporali. Individuale e riscrivile.**

....

....

....

....

QUESITI GRAMMATICALI

B1 **Da che cosa è costituito un dittongo?**

[A] Da due vocali che si pronunciano con una sola emissione di voce.
[B] Da tre vocali che si pronunciano con una sola emissione di voce.
[C] Da due vocali che si pronunciano con emissioni di voce separate.
[D] Da gruppi di due o tre lettere che si fondono in un unico suono.

B2 **Nei seguenti gruppi articolo + nome, indica quelli scritti in maniera corretta.**

□ l'indicazioni	□ le indicazioni	□ gl'elefanti	□ gli elefanti
□ l'yogurt	□ lo yogurt	□ l'hotel	□ lo hotel
□ un'autunno	□ un autunno	□ un'auto	□ un auto

B3 **Quale delle seguenti frasi contiene un verbo attivo?**

[A] A Zama Annibale fu sconfitto da Scipione l'Africano.
[B] A Zama Annibale venne sconfitto da Scipione l'Africano.
[C] A Zama Annibale finì sconfitto da Scipione l'Africano.
[D] A Zama Scipione l'Africano sconfisse Annibale.

B4 **Quale delle seguenti frasi contiene un verbo difettivo?**

[A] Tutti i cittadini devono rispettare la legge.
[B] In Cina vige ancora la pena di morte.
[C] Piove da due giorni.
[D] Smettila di lamentarti!

B5 **Quale dei seguenti verbi ha una coniugazione irregolare?**

[A] mangiare
[B] lodare
[C] andare
[D] passare

B6 **Scrivi il plurale dei nomi sotto riportati.**

1. computer → ....
2. tempio → ....
3. specie → ....
4. samurai → ....
5. cinema → ....

B7 **Nella frase seguente a quale parola si riferisce il pronome *cui*?**

Camilleri è l'autore del bel romanzo di cui ti ho parlato.

....

B8 **In una delle frasi sotto riportate vi è un errore nell'uso dell'aggettivo indefinito. Di quale frase si tratta?**

- [A] Nessun errore è stato commesso in passato.
- [B] Alcun errore è stato commesso in passato.
- [C] In passato non è stato commesso nessun errore.
- [D] In passato non è stato commesso alcun errore.

B9 **Tutte le parole sotto riportate, salvo tre, sono alterate. Individua e sottolinea quelle che non lo sono.**

tempaccio - avaraccio - straccio - malaccio - tarduccio - quadernone - ragazzone - bidone - gattone - paesino - cantina - spadina - ragazzina - pochino - benino

B10 **Le parole di ogni gruppo derivano da quella iniziale, riportata in neretto, ma in ogni gruppo vi è una parola "estranea". Individuala e sottolineala.**

corda: cordata - cordiale - accordatura - cordolo
fortuna: fortunato - fortunoso - fortezza - sfortuna
latte: latteria - allattare - lattoniere - lattaio
campo: campeggio - campione - campestre - accamparsi

Alunno/a .... Classe .... Data ....

prova 3

Testo narrativo

La caccia infernale

A Ravenna, antichissima città della Romagna, vissero molti uomini nobili e ricchi e tra questi c'era un giovane di nome Nastagio degli Onesti che, dopo la morte del padre e di uno zio, si ritrovò ricco oltre ogni misura.

Costui, come accade ai giovani, si innamorò della figlia di messer Paolo Traversaro e, sebbene fosse di una famiglia meno nobile di quella di lei, cominciò a sperare di farla innamorare con la sua cortesia e con la sua generosità. Purtroppo, con tutto il suo adoperarsi, Nastagio non ebbe grande fortuna, anzi, sembrava che la giovane diventasse sempre più crudele e riluttante[1]; forse per le sue nobili origini o forse per la straordinaria bellezza, ella si comportava con sdegnosa alterigia[2]: non gli piaceva Nastagio né tutte le cose che piacevano a lui e che lui faceva per piacere a lei. E questo era così difficile da sopportare che l'innamorato più volte desiderò di uccidersi. Talvolta pensò di non amarla mai più o sperò addirittura di odiarla come lei odiava lui, ma, quanto più veniva a mancare la speranza, tanto più sembrava che il suo amore crescesse.

Poiché egli continuava a spendere smisuratamente per la fanciulla, certi amici e parenti, preoccupati per la sua salute e per il suo patrimonio, lo consigliarono di allontanarsi da Ravenna per stabilirsi in qualche altro luogo; così facendo sarebbe svanito l'amore e le spese si sarebbero ridotte. Ma Nastagio non si curava di questi consigli, anzi, talvolta, si burlava delle preghiere. Un giorno, però, per non apparir scortese davanti a tanta sollecitudine, annunciò a tutti che avrebbe ubbidito. Cominciò a far grandi preparativi, come se stesse per partire per la Francia o per la Spagna o per qualche altro luogo ancor più lontano e se ne andò da Ravenna, accompagnato dai suoi amici. Giunto a circa tre miglia dalla città, in un luogo chiamato Classe, disse di volersi fermare, fece montare le tende e pregò chi lo aveva accompagnato di tornare a Ravenna. Per lui cominciò un'esistenza ricca e sfarzosa, fatta di grandi divertimenti e frequenti inviti a conoscenti e amici. In una bellissima giornata, all'inizio del mese di maggio, Nastagio sentì il desiderio di fare una passeggiata e pregò i suoi famigli[3] di lasciarlo solo; prese a camminare e, assorto nei suoi pensieri sulla crudele donna che così tanto amava, arrivò fino alla pineta. Erano circa le undici del mattino di quel venerdì quando, dimenticando sia il pranzo che qualsiasi altra cosa, sentì un grandissimo pianto e dei fortissimi lamenti di donna. Lasciati i suoi pensieri, alzò il capo per vedere che cosa stesse accadendo e, con grande meraviglia, vide correre attraverso il fitto boschetto una bellissima giovane, nuda, scarmigliata e tutta coperta di graffi procurati dai pruni[4]. Ella fuggiva di corsa e piangeva e gridava pietà, mentre due enormi e feroci mastini la mordevano crudelmente ogni volta che riuscivano a raggiungerla. Dietro di lei vide arrivare un cavaliere bruno su un corsiere[5] nero, fortemente adirato nel volto, il quale, brandendo la spada che teneva in mano, la minacciava di morte con parole spaventose e villane.

Questa scena causò in Nastagio meraviglia, terrore e compassione, poi il desiderio di liberare la fanciulla da tale angoscia e dalla morte lo spinse, trovandosi disarmato, a prendere un nodoso ramo da un albero e a farsi incontro ai cani e al cavaliere. Ma questi, non appena lo vide avvicinarsi, gli gridò: «Non t'impicciare Nastagio, lascia fare ai cani e a me! Questa malvagia femmina non ha meritato altro!». Dicendo questo, il ca-

1. riluttante: non disposta ad accettare la corte di Nastagio.
2. alterigia: superbia.
3. famigli: servitori, domestici.
4. pruni: arbusti spinosi.
5. corsiere: cavallo veloce nella corsa.

valiere scese da cavallo; i cani frattanto erano riusciti a raggiungere la donna tenendola stretta ai fianchi e Nastagio avvicinandosi disse: «Io non so chi tu sia, vedo che tu mi conosci, tuttavia mi sento di dirti che è una viltà per un cavaliere armato essere tanto crudele con una donna mettendole i cani alle costole come se fosse una belva feroce. Certamente la difenderò con tutte le mie forze».

Il cavaliere allora rispose: «Nastagio, io sono nato nella tua stessa terra; sono messer Guido degli Anastagi e, quando tu eri ancora un bambino, ero già innamorato di questa donna più di quanto tu non lo sia della bella Traversaro. Per la sua ferocia e crudeltà, un giorno, preso dalla disperazione, mi uccisi con questa spada che tu mi vedi in mano e ora sono condannato alle pene eterne. Non molto tempo dopo, anche lei morì e, a causa della gioia provata per la mia sofferenza e per la felicità con cui aveva accolto la notizia della mia morte, fu dannata alle pene dell'inferno. Per punizione lei è costretta a fuggire davanti a me, mentre io, che tanto l'avevo amata, sono costretto a odiarla come una nemica e, ogni volta che la raggiungo, devo squarciarle il petto, strapparle quel cuore duro e freddo nel quale mai poterono entrare né amore né pietà, e darlo in pasto ai cani. Non passa poi molto tempo che lei, così come vuole la giustizia e la potenza di Dio, come se non fosse mai morta, riesce a risorgere e di nuovo inizia la dolorosa fuga. Questo avviene ogni venerdì in questa pineta. Io la raggiungo e ne faccio strazio, ma non pensare che gli altri giorni si stia a riposo: accade sempre la stessa cosa in tanti altri luoghi dove lei, quando era in vita, si comportò crudelmente verso di me. Da innamorato quale ero, adesso sono divenuto nemico e questo dovrà continuare per tanti anni quanti sono i mesi che lei mi ha fatto soffrire. Lasciami dunque obbedire alla giustizia divina, non ti opporre a ciò che tu non puoi certo impedire!»

Nastagio, udendo queste parole, si impaurì fortemente e con stupore rimase ad aspettare per vedere che cosa sarebbe accaduto alla povera ragazza. Terminato il suo discorso, il cavaliere afferrò la donna con la ferocia di un cane rabbioso, la trafisse in mezzo al petto, mentre lei continuava a chiedere pietà e, preso un coltello, ne trasse il cuore e le viscere che gettò ai famelici mastini. Pochi minuti dopo, come se nulla fosse successo, la giovane si alzò in piedi, fuggì verso il mare e i cani ripresero a inseguirla. Il cavaliere ricominciò a cavalcare furiosamente dietro a lei e ben presto sparirono dalla vista di Nastagio.

Egli rimase a lungo immobile, combattuto tra la pietà e la paura, poi pensò che quanto aveva appena visto gli avrebbe potuto procurare un grande vantaggio. Esaminò bene il luogo, vi lasciò alcuni segni e, tornato alla sua tenda, ordinò ai servi di mandare a chiamare amici e parenti. Al loro arrivo così cominciò: «Voi per molto tempo mi avete esortato a dimenticare questa donna e a non spendere in maniera sconsiderata per lei. Ora sono pronto a ubbidire se voi mi aiuterete a realizzare questo mio desiderio: fate in modo che venerdì prossimo vengano a desinare qui da me messer Paolo Traversaro, sua moglie, sua figlia, tutte le donne di famiglia e chiunque altro desideriate invitare. La ragione di questa mia volontà la conoscerete solo in quel momento!».

Tornati tutti a Ravenna, invitarono coloro che Nastagio aveva ordinato e anche la fanciulla, seppur riluttante al pensiero di incontrare il giovane innamorato, accettò con rassegnazione.

Quel venerdì Nastagio allestì un pranzo sontuoso, disponendo le tavole nella pineta, proprio dove aveva visto compiersi lo strazio della crudele donna. Fatti mettere gli ospiti a tavola, li dispose in modo tale che la fanciulla amata sedesse proprio davanti al luogo preciso in cui aveva visto accadere il fatto. Stavano servendo l'ultima portata quando, improvvisamente, si udirono le grida disperate della giovane. Tra lo stupore e le richieste di spiegazione, tutti si alzarono in piedi e, vedendo la fanciulla dolente, il cavaliere e i cani, molti offrirono il loro aiuto. Ancora una volta il cavaliere, ripetendo le parole già dette a Nastagio, non solo li costrinse a indietreggiare, ma li spaventò orribilmente. Cominciò quindi quel terribile rito che tante altre volte aveva fatto e tutte le donne si lasciarono andare a un pianto disperato, come se quello strazio lo subissero loro stesse. Conclusa la scena e spariti la donna, il cavaliere e i cani, tutti ripresero a discutere sull'orribile strazio appena visto. Lo spavento e lo stupore accendevano gli animi, ma la più terrorizzata era la giovane Traversaro che più degli altri aveva visto, udito e compreso che tutto ciò si riferiva a lei, poiché era stata sempre crudele con Nastagio.

La paura la stava immobilizzando: già si vedeva fuggire davanti all'ira di lui, le sembrava di avere i mastini ai fianchi e tremava all'idea di subire lo stesso castigo.

La sera stessa, avendo mutato l'odio in amore, segretamente mandò una sua cameriera da Nastagio, pregandolo di recarsi da lei, se gli faceva piacere, perché era ormai disponile a corrispondere al suo amore.

Poco più tardi Nastagio le fece sapere che aveva molto gradito la notizia e che con grande gioia avrebbe voluto prenderla in moglie. La domenica successiva Nastagio la sposò e visse con lei a lungo e felicemente. Da allora tutte le ravignane[6] divennero timorose e ben più arrendevoli all'amore degli uomini.

(da G. Boccaccio, *Decamerone*, adatt. e cura di P. Caporali,
in *Medioevo favoloso*, Agorà, Torino, 1998)

6. ravignane: donne di Ravenna.

A1 **A che cosa deve la sua ricchezza, Nastagio?**

[A] a una vincita al gioco
[B] al suo lavoro
[C] alle eredità ricevute
[D] a un premio accordatogli dal re

A2 **Quale, fra le seguenti affermazioni, è corretta?**

[A] La famiglia di Nastagio è più nobile di quella dei Traversaro.
[B] La famiglia dei Traversaro è più nobile di quella di Nastagio.
[C] La famiglia di Nastagio e quella dei Traversaro sono ugualmente nobili.
[D] La famiglia dei Traversaro è nobile, quella di Nastagio no.

A3 **Come si chiama la figlia di Paolo Traversaro?**

[A] Paola
[B] Lisa
[C] Ginevra
[D] il nome non è detto

A4 **In quale modo Nastagio cerca di far innamorare la figlia di Paolo Traversaro?**

[A] con la sua bellezza
[B] con il suo valore
[C] con la sua cortesia e la sua generosità
[D] con la sua simpatia

A5 **Rileggi la frase seguente, soffermandoti in particolare sull'avverbio «purtroppo», quindi indica quale sia la posizione del narratore rispetto ai personaggi del racconto.**

Purtroppo, con tutto il suo adoperarsi, Nastagio non ebbe grande fortuna...

[A] Sta dalla parte di Nastagio.
[B] Sta dalla parte della figlia di Paolo Traversaro.
[C] Mantiene una posizione equidistante fra i due personaggi.
[D] Prova antipatia per entrambi i personaggi.

A6 **Quale delle seguenti affermazioni è vera?**

[A] Nastagio rifiuta di prestare ascolto ai consigli degli amici.
[B] Nastagio accetta di prestare ascolto ai consigli degli amici.
[C] Nastagio presta ascolto solo in parte ai consigli degli amici.

A7 **Individua nel testo e trascrivi i passi in cui è descritto l'aspetto fisico della donna, del cavaliere, dei mastini e del cavallo.**

Donna → ....

Cavaliere → ....

Mastini → ....

Cavallo → ....

A8 **Come giudichi il comportamento di Nastagio di fronte al cavaliere che strazia la donna?**
- [A] vile
- [B] prudente
- [C] coraggioso e cavalleresco
- [D] temerario

A9 **Fra la colpa commessa dalla donna e la punizione a cui è sottoposta esiste uno stretto rapporto logico. Spiega la natura di tale rapporto.**

....

....

A10 **Perché la donna viene punita?**
- [A] Perché ha respinto il suo innamorato e poi ha gioito per la sua morte.
- [B] Perché ha respinto il suo innamorato.
- [C] Perché ha tradito il marito.
- [D] Perché ha ucciso il suo innamorato.

A11 **Quanto durerà la punizione della donna?**
- [A] dieci anni
- [B] tanto quanto lei visse
- [C] tanti anni quanti furono i mesi durante i quali lei fece soffrire il cavaliere
- [D] per l'eternità

A12 **In che modo si comporta la figlia di Paolo Traversaro dopo aver assistito alla caccia infernale?**
- [A] Invita Nastagio da lei quella sera stessa, dicendosi disposta a fare ciò che egli vorrà.
- [B] Fa sapere a Nastagio che sarà sua solo dopo che si sarà celebrato il matrimonio.
- [C] Invita Nastagio a chiedere la sua mano ai genitori.
- [D] Fa sapere a Nastagio che i suoi sentimenti verso di lui non sono per nulla mutati.

A13 **Nella parte conclusiva della novella Nastagio dimostra la propria superiorità morale nei confronti della fanciulla amata. Quali comportamenti giustificano tale affermazione?**

Comportamento della ragazza: ....

....

Comportamento di Nastagio: ....

....

A14 **Come interpreti il passo qui riportato (righe 108-109)?**

Da allora tutte le ravignane divennero timorose e ben più arrendevoli all'amore degli uomini.
- [A] Da allora le donne di Ravenna rifiutarono di concedere il loro amore degli uomini.
- [B] Da allora le donne di Ravenna concessero più raramente il loro amore agli uomini.
- [C] Da allora le donne di Ravenna concessero più facilmente il loro amore agli uomini.
- [D] L'episodio della caccia infernale non modificò l'atteggiamento delle donne di Ravenna verso gli uomini.

A15 **Quale delle seguenti tematiche non è presente nel racconto?**
- [A] l'avarizia
- [B] la vanità e la leggerezza del carattere femminile
- [C] l'astuzia
- [D] il caso

QUESITI GRAMMATICALI

B1 **In ogni gruppo vi è una parola "estranea". Individuala e sottolineala.**

Monosillabi: blu, là, cioè, qui, più
Bisillabi: via, sala, cima, può, così
Trisillabi: minimo, insegnante, allievo, oasi, abito
Polisillabi: ripetere, funivia, appartamento, elenco, competizione

B2 **Inserisci i segni di interpunzione adatti, scegliendoli fra i seguenti: punto interrogativo, punto esclamativo, virgola.**

Mio dio .... che disastro .... Carlo .... che cosa hai combinato ....

B3 **Leggi la seguente voce di dizionario:**

fedele [fe-dé-le] (pl. -*li*)

A agg.
1 Che è costante nei sentimenti, negli affetti: *un amico f.*; *una moglie f.*
||Che è costante nei princìpi, che tiene fede alla parola data: *essere f. ai patti, alla promessa*
||Fidato, onesto: *un cassiere f.*
||Devoto: *un servo f.*
||SIN. fido | CON. infedele, infido

2 Che è esattamente conforme al vero, all'originale; esatto, veritiero, genuino: *racconto f. di un fatto*; *la copia f. di un documento*
||SIN. puntuale | CON. inesatto, inattendibile
||In modo fedele

B s.m. e f.
1 Chi professa una fede; seguace di una confessione religiosa
||Chi nutre una particolare devozione per un santo: *i fedeli di S. Gennaro*

Indica se le seguenti informazioni, ricavate dalla lettura della voce, sono vere o false.

	V	F
Può essere sia aggettivo sia nome.	☐	☐
Come aggettivo può avere tre significati.	☐	☐
Come sostantivo, al singolare ha la stessa forma per il maschile e il femminile.	☐	☐
È una parola sdrucciola.	☐	☐

B4 **Quale fra i pronomi sotto riportati significa "qualsiasi persona che"?**

A chi
B chiunque
C ognuno
D ciascuno

B5 **Quale funzione logica svolgono le parole sottolineate nella frase seguente?**

Nessuno <u>dei presenti</u> aveva sentito nulla.

A complemento di specificazione
B complemento di stato in luogo
C complemento di origine
D complemento partitivo

B6 **In quale delle seguenti frasi l'azione enunciata dai due verbi è contemporanea?**

A Per favore, non leggere il giornale mentre mangi!
B Finita la partita, gli spettatori lasciarono lentamente lo stadio.
C Malgrado non abbia mai vinto, la nonna gioca ancora al lotto.
D Sono sicuro che Erica sarà promossa con ottimi voti.

B7 **In quale frase è presente un predicato nominale?**

[A] Dove sei andato?
[B] Questa borsetta è di Miriam.
[C] Dove sono i tuoi amici?
[D] Alex è un ragazzo intelligente.

B8 **Le parole sottolineate nelle frasi seguenti svolgono la stessa funzione logica. Di quale funzione si tratta?**

a. Gigi è stato nominato capoclasse.
b. Per le sue straordinarie imprese, Alessandro, re di Macedonia, fu chiamato Magno.

[A] soggetto
[B] complemento oggetto
[C] complemento predicativo del soggetto
[D] complemento predicativo dell'oggetto

B9 **Trascrivi opportunamente le proposizioni che compongono il periodo qui riportato.**

Quando avrò finito i compiti e studiato la lezione che ci ha assegnato la professoressa di italiano, andrò al cinema.

Proposizione principale ....

Subordinata di primo grado ....

Coordinata alla subordinata di primo grado ....

Subordinata di secondo grado ....

B10 **Indica la funzione del discorso svolta dal testo seguente.**

Per favore, Carla, prima di uscire riordina la tua camera.

[A] referenziale
[B] emotiva
[C] conativa
[D] fàtica

Alunno/a .... Classe .... Data ....

prova 4

Testo narrativo

La grande partita Viareggio-Lucca

L'arbitro è per fischiare l'inizio della partita di calcio tra Viareggio[1] e Lucca.
Viareggio ha ventimila abitanti! Di questi ventimila, ottomila sono marinai. Si tolgano dai ventimila le donne e i bambini, si conteggino i calafati[2] che in darsena[3] costruiscono i bastimenti. Un paese tutto di mare.
L'arbitro è per fischiare l'inizio della partita. Ma ribolle un'altra faccenda, che a chi naviga sta a cuore.
I viareggini sono bravi marinai e i loro bastimenti hanno una danzante linea, una scimitarra che taglia il mare dalla prua alla poppa, ammirata dagli esperti che guardano dalle banchine dei porti. Però il porto-canale di Viareggio è pieno di sabbia. I bastimenti sono puledri allenati alla corsa, ma qualcuno tenta di impedire che scendano in pista.
Lo aveva detto lo Zendrini, il matematico veneziano, quando bonificò la palude di Massaciuccoli[4]: «Prolungate sempre più i moli, che arrivino al mare alto, non lasciate che faccia muro verso le cateratte[5]».
Appena Lucca divenne una qualsiasi provincia italiana, non ne volle più sapere di Viareggio e del suo porto-canale. Roma domandava alla Giunta provinciale se era giusto aiutare Viareggio, se valeva la pena spendere per i moli. Lucca rispondeva che Viareggio era insignificante, ottimo invece l'antico porto di Livorno.
L'arbitro soffiò nello zufolo[6] l'inizio della partita Viareggio-Lucca. Era il 2 maggio 1920 e questa data assorbiva in sé ogni questione locale, le diatribe[7] tra Viareggio e Lucca. Recentemente c'era stata la guerra[8], la morte aveva falciato innumerevoli giovani. Chi era scampato esultava, ardeva sfrenatamente di godere.
L'arbitro soffiò nello zufolo l'inizio della partita Viareggio-Lucca. Le recenti vicende infebbrivano[9] il sangue. E per di più proprio la sera prima, a Viareggio, nella ricorrenza del 1° maggio, una poetessa di Milano, una donna di nome D'Andrea – nel manifesto c'era scritto poetessa ed anarchica – aveva fatto un comizio al Politeama, il teatro più grande del paese. Aveva gridato, sudata, la voce perforante, aveva steso le braccia. Come quando si infila un bastone nella brace e d'un tratto si tira su, aveva sollevato le faville: arricchiti pescicani[10], soldati in trincea, ragazzi morti, vampiri chinati a succhiare il sangue. Ma presto, prestissimo, gli oppressori sarebbero stati calpestati, allora felicità e giustizia.
Aveva finito gridando: «Vendicatevi! Ribellatevi! Fate giustizia!».
Il teatro era colmo di calafati, marinai falliti o in disuso, impiegatucci, barbieri, gente che sentiva il mare ma non lo navigava, udiva narrare di tempeste ma non le aveva mai affrontate e covava la gran voglia di dimostrare che anche loro erano all'occorrenza audaci.
Mentre l'arbitro della partita soffiava nel fischietto, le viareggine sulle porte delle case erano riunite a crocchi a discutere su questa poetessa, una donna; aveva fatto il comizio davanti ai loro uomini. Ne erano tornati eccitati, presto avrebbero spezzato le catene.

1. **Viareggio**: città Toscana che oggi conta circa 60 000 abitanti.
2. **calafati**: operai dei cantieri navali.
3. **darsena**: specchio d'acqua, all'interno del porto, attrezzato per il ricovero di navi in avaria.
4. **Massaciuccoli**: piccolo lago non lontano da Viareggio.
5. **cateratte**: chiuse che regolano le acque di un bacino.
6. **zufolo**: fischietto.
7. **diatribe**: discussioni, liti.
8. **guerra**: la Prima guerra mondiale (1914-18).
9. **infebbrivano**: eccitavano.
10. **arricchiti pescicani**: "pescicani" furono definiti quegli imprenditori che approfittarono della guerra per arricchirsi, mentre la povera gente moriva al fronte.

La partita era iniziata. Un momento prima, nell'assoluto silenzio, si era alzato come un gridìo di uccelli:
«Per l'Unione Sportiva Lucchese Hipp, Hipp. Hurrà!». E i lucchesi avevano ricambiato: «Per lo Sporting Club Viareggio Hipp, Hipp. Hurrà!». I lucchesi avevano striato il torace di una maglia rosso-scura. I viareggini erano zebrati, le maglie bianche e nere.
I giocatori correvano sul verde dell'erba, a volte sembrava senza motivo. A tratti invece una delle schiere avanzava verso la porta avversaria.
Con brutalità la difesa rompeva l'azione, la palla già rivolava al centro del campo. D'improvviso c'era il tentativo di gettare la palla, lanciandola in aria, al di là della difesa.
Il portiere seguiva tutte le mosse, in agguato, gli occhi sulle gambe che manovravano il pallone, le membra con quella rilassatezza adatta allo scatto improvviso.
Gli spettatori erano del tutto divisi. Viareggini e lucchesi, due nazioni diverse. I lucchesi, che avevano accompagnato la loro squadra, non distinguevano che i loro colori, si zittivano temendo quando l'area rosso-nera era invasa, risorridevano quando i rosso-neri invadevano gli zebrati.
Ugualmente gli spettatori viareggini avevano gli occhi soltanto sopra i loro giocatori, gli avversari erano dei provocatori, inammissibile la loro più piccola infrazione; invece la carica abusiva di uno dei loro era segno di maschia forza, rude allegria.
Le urla si alternavano ai cupi silenzi. L'arbitro tentava di attutire le sempre più frequenti intemperanze; col braccio teso indicava il punto della punizione.
Fu al trentacinquesimo minuto del primo tempo, fu Rossino, l'ala destra, che da metà campo prese la fuga. Era piccolo e svelto. Il terzino, la difesa del Lucca, gli andò incontro. Rossino fece una piroetta e tirò un traversone, lanciò la palla all'altra ala, che era libera da avversari. Questa fermò la palla, si accostò verso il centro, si aggiustò la sfera e la calciò nell'angolo destro della porta.
Il portiere volò per afferrarla. La sfiorò soltanto con la punta delle dita. Era dentro. Goal. Il primo punto per il Viareggio.
Per tutto il pubblico viareggino ci furono due secondi di attonimento[11]. Troppo bello per essere vero. Poi si elevò la gioia, si acclamò alla giustizia. Era vero. Viareggio era più forte di Lucca.
Il pallone fu rimesso a metà campo. I giocatori lucchesi furono avvolti dal silenzio. La segreta umana simpatia andò verso di loro.
La squadra lucchese era per tradizione tecnica, signorile, non amante delle apparizcenze, della foga popolaresca. I viareggini invece alla garibaldina, si buttavano all'assalto; adesso che avevano vinto erano sfrenati. E uno di loro, senza nessuna ragione, da metà campo, lanciò il pallone in profondità. Fu solo un moto di esuberanza. Laggiù, dei suoi non c'era nessuno.
La difesa lucchese aspettò l'arrivo del pallone, lo fermò, si volse verso il portiere per porgergli la palla. Poi mutò avviso e si accinse a rimettere lei stessa in gioco. Fu quella indecisione che la perse, il non immaginare l'esaltazione dei viareggini.
Il centravanti del Viareggio, veloce come uno dei cento metri, piombò sul terzino, gli soffiò la palla, la rete era vicinissima. Tirò dentro. Rete! Goal! Un altro. Quella partita dai viareggini tanto attesa si tramutava in trionfo. Ora gli spettatori locali si permisero un beffardo abbandono, gridavano agli spettatori lucchesi antiche frasi, chissà come ritornate a galla: Qui non c'è il Volto Santo[12]. Non si prestano quattrini[13].
Il primo tempo finì con quel punteggio di due reti a zero.
L'arbitro fischiò la ripresa. I lucchesi avveduti, attenti, tesi, tutti affratellati. Chi si intendeva di gioco e non aveva le traveggole partigiane[14] si accorse che non erano affatto abbattuti per le due reti di scarto. Di continuo erano sotto la porta viareggina, davanti alla quale al diciottesimo minuto si creò un tale annaspio[15] di gambe che invano il por-

11. attonimento: stupore.
12. Volto Santo: immagine sacra venerata dai lucchesi.
13. Non ... quattrini: allusione al fatto che i lucchesi, secondo un'antica credenza, sarebbero dediti all'usura.
14. non ... partigiane: non era accecato dal tifo.
15. annaspio: movimento caotico.

tiere tentava, piegandosi, di seguire il pallone. D'un tratto la palla balzellò verso un angolo della porta e fu dentro.

Ci fu un Oh! di sorpresa, non credere ai propri occhi, schiaffo che fa rimanere senza parola. Si era al due a uno. I lucchesi si erano avvicinati.

La partita si fece serrata. I viareggini, sgomenti di perdere la vittoria, si rinserrarono in difesa e si fecero pesanti, all'arte sostituirono l'aggressione. I lucchesi con calma e caparbietà rinnovavano gli attacchi, in una intesa che era il segno di una squadra affiatata e vecchia di tante battaglie.

La partita si avvicinava alla fine, mancavano undici minuti. Gli spettatori viareggini consultavano gli orologi. La squadra lucchese continuava a tessere trame di gioco, puntava con ordine e velocità alla porta avversaria; i viareggini convulsi[16] e inconcludenti. L'arbitro era di Lucca, cittadino di quella città. A quel tempo le squadre tra loro si sorteggiavano l'arbitro; si gettava in aria una moneta, che aveva indicato il lucchese. L'arbitro si comportava con giustizia, tentava che la partita non degenerasse. Dalla tribuna e dai popolari gli arrivavano gli insulti dei viareggini.

Ancora una volta gli attaccanti lucchesi ordirono un'azione. Il centrattacco passò la palla alla mezz'ala che corse diretta davanti a sé. La difesa del Viareggio l'affrontò. La mezz'ala ripassò la palla al centrattacco, un passaggio perfetto, gli depositò la palla davanti ai piedi.

Il centrattacco era libero, al limite dell'area di rigore. Davanti il solo portiere. La difesa del Viareggio gli corse dietro; si accorse che solo sgambettandolo poteva impedirgli il tiro in porta. Il centrattacco rotolò per terra.

L'arbitro era lì vicino, non poteva non avere visto. Decretò il calcio di punizione. Era la semplice giustizia.

I viareggini urlarono al sopruso, alla frode, all'infamia. Infine era solo un calcio di punizione, non di rigore. La palla fu messa nel punto dove era avvenuto il fallo.

L'arbitro contò i passi che dovevano essere lasciati liberi davanti a chi batteva la punizione; e si mise da una parte in procinto di fischiare.

Le voci calarono d'improvviso e si estinsero, come fosse questione di vita o morte. L'aria celeste, contornata dagli ombrelli dei pini, fu perforata dal fischio dell'arbitro.

Il calciatore lucchese, che aveva fatto le mosse come stesse lui per calciare la punizione, si era già accordato con un suo compagno: «Io faccio finta, salto sopra il pallone, non lo tocco. Tu vienmi dietro e tira».

I viareggini con i loro corpi avevano fatto un muro. Appena l'arbitro fischiò, corsero verso la palla, e si scompaginarono, aprirono un varco. In quello il secondo giocatore lucchese diresse la mira. Il portiere viareggino non mosse neppure un braccio. La palla era già dentro. Un altro goal lucchese. La parità.

No. Non era possibile, sul loro campo, a Viareggio, dopo la sicura vittoria. Era l'arbitro, un lucchese, voleva umiliarli, ancora una volta, loro che andavano in mare, poveri, i lucchesi terrazzani[17], che lasciavano il canale pieno di sabbia, li volevano ancora servi, sotto di loro, avari che venivano d'estate a lesinare[18], anche il carbone per la cucina si portavano, e volevano vincere sul campo del Viareggio.

«Vi si picchia tutti, a uno a uno, giocatori e non giocatori. Basta! Vi si ammazza».

Lo stecconato che circondava i posti popolari era basso e tentennante. Fu divelto. Una torma[19] si versò sul prato, in direzione dell'arbitro e dei giocatori lucchesi, che corsero verso gli spogliatoi, per fortuna situati presso la tribuna, dalla parte opposta.

I carabinieri di servizio si lanciarono contro quell'orda, i moschetti[20] branditi.

Le loro armi non fecero paura. I carabinieri furono disarmati; si trovarono umiliati e confusi tra la folla. La torma invasata si addensò davanti agli spogliatoi.

I dirigenti del Viareggio si schierarono sulla porta. Tentarono, in quel confuso urlìo, di calmare gli animi.

16. convulsi: disordinati, affannati.
17. terrazzani: campagnoli.
18. lesinare: risparmiare.
19. torma: folla.
20. moschetti: fucili corti e leggeri.

La squadra lucchese, insieme all'arbitro, si era salvata fuggendo per i campi, così com'era, in mutandine, i vestiti un fagottino sotto il braccio.
Il presidente del Viareggio era sgattaiolato negli spogliatoi: «Svelti. Prendete di qua, da questa porticina. Anche l'arbitro. Nessuno ci pensa. Via, così come siete. Vi prepariamo tre automobili sull'Aurelia[21]. Vedete quel viottolo? Andate sempre avanti. Dopo ottocento metri c'è la via nazionale. Saremo lì con le automobili».
I giocatori e l'arbitro erano già a Lucca a raccontare la tempestosa partita; i carabinieri disarmati ridotti a dei pulcini confusi tra la folla. E nei paraggi del campo sportivo ancora sostavano numerosi gruppi a ripetersi le fasi della partita, alcuni con la torbida speranza che infine i giocatori lucchesi uscissero fuori.

(da M. Tobino, *Sulla spiaggia e di là dal molo*, Mondadori, Milano, 1966)

21. Aurelia: strada di antica costruzione romana che collega la capitale con Genova.

A1 **Perché Viareggio è un paese «tutto di mare» (riga 4)?**

[A] Perché è situato sul mare.
[B] Perché la grande maggioranza dei suoi abitanti svolge mestieri legati al mare.
[C] Perché quasi tutti i suoi abitanti sono pescatori.
[D] Perché numerosi turisti sono attratti dalla bellezza del suo mare.

A2 **Che cos'è la prua di una nave?**

[A] la parte anteriore
[B] la parte posteriore
[C] l'albero principale
[D] la cabina del capitano

A3 **Perché il matematico veneziano Zendrini consiglia di costruire moli che arrivino in mare alto?**

[A] Per favorire lo scarico delle merci dalle navi.
[B] Per impedire che le onde sommergano il porto.
[C] Per rendere più sicure le spiagge.
[D] Per impedire che il porto-canale sia intasato dalla sabbia.

A4 **Perché gli abitanti di Viareggio sono irritati con i lucchesi?**

[A] Perché i lucchesi vogliono costruire un porto che faccia concorrenza a quello di Viareggio.
[B] Perché i lucchesi hanno favorito il porto di Livorno rispetto a quello di Viareggio.
[C] Perché Lucca ha sottratto a Viareggio il rango di capoluogo di provincia.
[D] Perché i lucchesi non comprano merci che provengano dal porto di Viareggio.

A5 **Qual è lo stato d'animo diffuso fra i giovani nel periodo in cui si svolge la vicenda?**

[A] Sono pieni di voglia di gioire.
[B] Sono tristi e abbattuti.
[C] Sono annoiati.
[D] Sono arrabbiati e pieni di voglia di litigare.

A6 **Quale figura retorica è contenuta nel passo seguente (righe 28-29)?**

vampiri chinati a succhiare il sangue

[A] metafora
[B] similitudine
[C] ironia
[D] antonomasia

A7 **A quale evento è riferito il discorso della poetessa D'Andrea? A quale azione incita i viareggini?**

Evento: ....

Azione: ....

A8 **Le donne viareggine pensavano che i loro uomini, infiammati dal discorso della poetessa, presto avrebbero «spezzato le catene» (riga 37). Che cosa intendevano dire con questa espressione?**

A Che il porto di Viareggio avrebbe vinto la concorrenza di quello di Livorno.
B Che l'Italia avrebbe sconfitto l'Austria e completato l'unità nazionale.
C Che il Viareggio avrebbe finalmente spezzato la superiorità della squadra lucchese.
D Che il popolo avrebbe fatto la rivoluzione e conquistato la libertà.

A9 **Il racconto si divide in due macrosequenze: la prima narra gli antefatti dell'incontro di calcio, la seconda ne descrive le fasi. Ricerca e trascrivi la frase con cui inizia la seconda macrosequenza.**

....

A10 **L'inizio della partita viene più volte annunciato, ma poi il narratore effettua alcune divagazioni e solo dopo l'ultimo annuncio l'incontro comincia veramente. Individua e riporta le frasi con cui viene dato tale annuncio.**

....

....

....

A11 **Per quale motivo il narratore, prima di descrivere l'incontro, effettua le divagazioni suddette?**

A Perché vuole tenere alta la tensione del lettore.
B Perché non vuole che il racconto finisca troppo presto.
C Perché vuole spiegare le ragioni che rendono così infuocato il clima in cui si svolge l'incontro.
D Perché gli interessa di più la storia locale che l'incontro di calcio.

A12 **Che cosa significa l'espressione sottolineata nella frase seguente (righe 71-72)?**

I viareggini invece alla garibaldina, si buttavano all'assalto

A in modo disordinato ed entusiastico
B in maniera prudente
C con un preciso schema di gioco
D con cattiveria e violenza

A13 **Come si può definire la decisione dell'arbitro di assegnare un calcio di punizione ai lucchesi?**

A corretta
B scorretta
C discutibile
D esagerata

A14 **A chi si deve il fatto che i giocatori lucchesi e l'arbitro riescano a sfuggire alla folla?**

A ai carabinieri
B ai giocatori lucchesi
C ai dirigenti della squadra lucchese
D ai dirigenti e al presidente della squadra viareggina

A15 **Quale, fra le seguenti ragioni, vale a spiegare il comportamento violento del pubblico viareggino?**

A Le due squadre si contendono il primo posto in classifica.
B Il fatto che l'arbitro sia un lucchese.
C La convinzione dei viareggini che l'assegnazione del calcio di punizione sia dovuta a un favoritismo.
D L'eccitazione prodotta negli animi dei viareggini dal discorso rivoluzionario della poetessa milanese.

QUESITI GRAMMATICALI

B1 **Individua in quale delle seguenti espressioni è presente una parola che ha subito un troncamento.**

[A] san Paolo
[B] sant'Alfonso
[C] santo Stefano
[D] santa Caterina

B2 **Quale, fra le parole seguenti, è formata, oltre che dalla radice e dalla desinenza, anche da un prefisso e da un suffisso?**

[A] desiderabile
[B] vantaggioso
[C] incerto
[D] incolpevole

B3 **Fra i seguenti segni grafici, quale non è adatto a introdurre un discorso diretto?**

[A] virgolette basse («)
[B] virgolette alte (")
[C] lineette (–)
[D] trattino (-)

B4 **In quale modo si forma il plurale della parola composta *chiaroscuro*?**

[A] chiaroscuro
[B] chiaroscuri
[C] chiariscuro
[D] chiariscuri

B5 **Completa la frase seguente con la forma opportuna del verbo *essere*, che sceglierai fra quelle elencate sotto.**

Sarei passato volentieri da Giulio, se .... sicuro che era in casa.

[A] ero
[B] fossi
[C] sarei stato
[D] fossi stato

B6 **Quale, tra i verbi sottolineati, indica un'azione che si ripete?**

[A] In questo periodo papà <u>torna</u> sempre tardi dall'ufficio.
[B] Per favore, <u>mi passi</u> la bottiglia dell'acqua?
[C] I Fenici <u>vivevano</u> nell'attuale Libano.
[D] Evviva, <u>sono stato</u> promosso!

B7 **Di quale tipo è il complemento sottolineato?**

San Francesco <u>d'Assisi</u> è l'autore del Cantico delle creature.

[A] specificazione
[B] qualità
[C] moto da luogo
[D] origine

B8 **Quale funzione logica svolge la frase sottolineata?**

Pare <u>che tra Lucia e Guido ci sia del tenero</u>.

[A] soggettiva
[B] oggettiva
[C] dichiarativa
[D] relativa

B9 **La figura retorica dell'ossimoro consiste nell'accoppiamento di due parole di significato opposto. In quale delle frasi sotto riportate ritrovi questa figura?**

- [A] Questa sera avremo un esercito di invitati.
- [B] Caro mio, questa volta l'hai combinata proprio bella!
- [C] La donna è più sensibile dell'uomo.
- [D] Il viso della donna esprimeva una calma inquietudine.

B10 **Sostituisci la parola sottolineata con una di quelle sotto riportate, in modo che il significato non cambi.**

Il bimbo ha ingerito una piccola pallina di vetro.

- [A] mangiato
- [B] bevuto
- [C] inghiottito
- [D] sputato

Alunno/a .... Classe .... Data ....

prova 5

Testo narrativo

La tappezzeria

A casa, nella stanza dei bambini, giocavo per lo più da solo. In verità giocavo poco, parlavo piuttosto con la tappezzeria. I molti cerchi scuri sul disegno della tappezzeria li vedevo come persone. Inventavo una quantità di storie in cui essi figuravano da protagonisti, qualche volta ero io a raccontargliele, ma qualche volta anche loro partecipavano al gioco; comunque non mi stancavo mai di questi personaggi della tappezzeria ed ero capace di stare ore e ore a discorrere con loro. Quando la governante usciva con i miei fratellini, cercavo di starmene da solo con i cerchi della tappezzeria. La loro compagnia era per me la più gradita, più gradita, comunque, di quella dei fratellini, che con le loro stupidaggini, come per esempio le birichinate di mio fratello Nissim, creavano sempre una gran confusione e un mucchio di fastidi. Quando i bambini erano nelle vicinanze, con i miei personaggi della tappezzeria parlavo bisbigliando; se era presente la governante, le storie mi contentavo addirittura di pensarle soltanto, e non muovevo neppure le labbra. Ma poi, quando finalmente tutti erano usciti dalla stanza, aspettavo ancora un po' e infine cominciavo indisturbato le mie lunghe chiacchierate. Presto il discorso si faceva vivace e animato, ricordo soltanto che tentavo di indurre i personaggi della tappezzeria alle gesta più temerarie e mostravo loro il mio disprezzo quando non mi davano ascolto. Li esortavo, li insultavo, e intanto però provavo sempre un po' di paura, ma i miei sentimenti li attribuivo a loro, erano loro i vigliacchi. Loro d'altra parte stavano al gioco e ogni tanto dicevano qualche cosa. C'era un cerchio, in un punto particolarmente appariscente, che con la sua parlantina mi contraddiceva sempre, e non era un trionfo da poco quando riuscivo a convincerlo di qualcosa. Un giorno, mentre ero impegnato in una di queste discussioni con lui, la governante rientrò prima del previsto e udì delle voci provenienti dalla stanza dei bambini. Entrò all'improvviso e mi colse in flagrante; il mio segreto era scoperto, da quel giorno fui costretto a fare sempre le passeggiate insieme agli altri; in casa pensarono che non mi facesse bene restare da solo per tutto quel tempo. Così finirono le delizie della tappezzeria, ma io, ostinato com'ero, mi abituai a ripetere le mie storie in silenzio, anche quando i fratellini erano presenti nella stanza. Avevo persino imparato a giocare con loro intrattenendomi contemporaneamente con i personaggi della tappezzeria. Solo la governante, che si era fatta un obbligo di guarirmi completamente da quelle tendenze malsane, riusciva a paralizzarmi, e quando c'era lei la tappezzeria ammutoliva.

(da E. Canetti, *La lingua salvata*, trad. di A. Pandolfi e R. Colami, Adelphi, Milano, 1991)

A1 **Con chi gioca di solito il protagonista?**

- [A] con i fratellini
- [B] con i cuginetti
- [C] da solo
- [D] con la governante

A2 **Quali forme geometriche egli vede come persone?**

- [A] i cerchi
- [B] i rettangoli
- [C] i triangoli
- [D] i quadrati

A3 **Chi è, in genere, a raccontare le storie?**
- A le figure della tappezzeria
- B la governante
- C il protagonista
- D il protagonista e le figure della tappezzeria

A4 **Solo una delle seguenti affermazioni è vera. Quale?**
- A I discorsi dei fratellini interessano molto il protagonista.
- B Le birichinate di Nissim divertono molto il protagonista.
- C I fratellini non vogliono giocare con il protagonista.
- D Il protagonista ama parlare con i personaggi della tappezzeria.

A5 **In quale modo il protagonista parla con i personaggi della tappezzeria in presenza della governante?**
- A ad alta voce
- B bisbigliando
- C con il pensiero
- D cantando

A6 **Individua nel testo e riporta nello spazio sottostante la coppia di aggettivi con cui il narratore descrive il tono dei discorsi che il protagonista intrattiene con i personaggi della tappezzeria.**

VIVACE E ANIMATO

A7 **Sostituisci la parola sottolineata con una di analogo significato, che sceglierai fra quelle proposte.**

tentavo di indurre i personaggi della tappezzeria alle gesta più <u>temerarie</u>

timorose - spericolate - sciocche - inutili

SPERICOLATE

A8 **In quale occasione il protagonista afferma di provare disprezzo per i personaggi immaginari con cui discorre?**
- A Quando questi non gli rispondono.
- B Quando questi si mostrano poco disponibili a compiere le imprese temerarie a cui egli li spinge.
- C Quando questi ridono di lui.
- D Quando questi piangono.

A9 **Quale delle seguenti affermazione è vera?**
- A Il protagonista non prova mai paura.
- B Il protagonista attribuisce ai suoi personaggi la paura che prova egli stesso.
- C Il protagonista ammette di fronte ai personaggi immaginari di essere un pauroso.
- D Nel testo non vi è alcun accenno alla paura.

A10 **Quale figura della tappezzeria osa contraddire il protagonista?**
- A nessuna
- B un quadrato
- C un triangolo
- D un cerchio

A11 **Che cosa significa l'espressione «in flagrante» (riga 24)?**
- A all'improvviso
- B di nascosto
- C sul fatto
- D a tradimento

A12 **Perché al protagonista non è più permesso di stare solo in camera sua?**
- [A] Perché i familiari vogliono distoglierlo da un passatempo che considerano «anormale».
- [B] Perché vogliono che faccia compagnia ai fratellini.
- [C] Perché temono che non studi abbastanza.
- [D] Perché sono pentiti di averlo lasciato troppo solo.

A13 **Come si comporta il protagonista dopo essere stato scoperto?**
- [A] Smette definitivamente di giocare con i personaggi immaginari.
- [B] Continua a giocare come prima.
- [C] Non prova più alcun interesse per quel gioco.
- [D] Continua a giocare, ma soltanto con il pensiero.

A14 **Come giudichi il passatempo inventato dal protagonista?**
- [A] segno di evidente pazzia
- [B] manifestazione, per nulla insolita, della fantasia dei bambini
- [C] frutto di una mente geniale
- [D] fenomeno rarissimo che denota una grave malattia mentale

A15 **Il nome del protagonista non è mai rivelato. Perché?**
- [A] Perché è lo stesso autore-narratore.
- [B] Perché il narratore non lo conosce.
- [C] Perché il narratore l'ha già detto in un'altra parte del testo e non vuole ripeterlo.
- [D] Perché il narratore non vuole far fare una figuraccia al personaggio rivelando questo suo insolito passatempo.

QUESITI GRAMMATICALI

B1 **Quale delle frasi seguenti contiene un complemento di specificazione?**
- [A] Solo uno di voi parteciperà alla fase finale del torneo.
- [B] La nonna ha preparato dei dolcetti deliziosi.
- [C] L'amica di Ornella si chiama Alice.
- [D] La città di Napoli fu fondata dai Greci.

B2 **Quale dei seguenti termini è iperonimo, cioè ha un significato più ampio, rispetto alla parola *serpente*?**
- [A] vipera
- [B] pitone
- [C] rettile
- [D] anfibio

B3 **In quale frase la parola *che* svolge la funzione di complemento oggetto?**
- [A] Credo che tu abbia interpretato male le mie parole.
- [B] L'anno che verrà sarà migliore di questo.
- [C] Che bel regalo mi hai fatto!
- [D] Non riferire a nessuno la notizia che ti ho confidato.

B4 **Quale delle parole sotto riportate deriva dal nome *vento*?**
- [A] avventuroso
- [B] convento
- [C] ventoso
- [D] ventennale

B5 **In quale delle frasi seguenti il pronome *gli* è usato in maniera scorretta?**
- [A] Telefonerò a Gigi perché devo parlargli.
- [B] Per favore, vai da Maria e portagli questo pacchetto.
- [C] Ho incontrato il professor Ceresa e gli ho fatto gli auguri di Natale.
- [D] Gianni non sa tenere un segreto, perciò non gli confiderò più nulla d'ora in poi.

B6 **Quale funzione sintattica svolge la frase sottolineata?**

***Continuando a comportarti in questo modo*, tutti gli amici ti abbandoneranno.**

- [A] Causale
- [B] Condizionale
- [C] Temporale
- [D] Concessiva

B7 **Quale frase contiene un complemento predicativo del soggetto?**

- [A] Carlo è un ragazzo simpatico e intelligente.
- [B] Tutti considerano Carlo un ragazzo simpatico e intelligente.
- [C] Carlo è considerato da tutti un ragazzo simpatico e intelligente.
- [D] Sono felice di conoscere un ragazzo simpatico e intelligente come Carlo.

B8 **In quale frase il punto interrogativo è usato in maniera scorretta?**

- [A] Vorrei sapere che cosa ha in mente quel tipo?
- [B] Vuoi venire a casa mia a fare i compiti?
- [C] Che cosa regalerai ai tuoi genitori a Natale?
- [D] Dimmi la verità: sei stato tu a farmi questo scherzo?

B9 **Completa la frase con la forma opportuna del verbo *avere*.**

Se Claudio non* AVESSE *sbagliato il calcio di rigore, avremmo vinto la partita.

- [A] aveva
- [B] avrà
- [C] avesse
- [D] avrebbe

B10 **Quale, fra le parole sotto riportate, contiene un errore di ortografia?**

- [A] scienza
- [B] conoscienza
- [C] discesa
- [D] sceneggiatura

Alunno/a .... Classe .... Data ....

prova 6

Testo informativo

Il commercio delle spezie

Il termine «spezie», nel senso usato alla fine del Medioevo, è difficile da definire. Comprendeva un'ampia gamma di sostanze assai diverse fra loro, non tutte esotiche per l'Europa, non tutte rare e costose, non tutte commestibili. Pegolotti[1] ne elenca tre o quattrocento, quasi tutte prodotti naturali, anche se alcune subivano qualche semplice processo di lavorazione. Molte delle materie prime dell'industria erano «spezie», secondo Pegolotti: per esempio, nel suo elenco figura il rame, insieme ad alcune delle materie prime dell'industria tessile come il cotone grezzo, la seta grezza (ventitré specie) e un gran numero di materie coloranti, gomme e resine, alcune esotiche, altre no. Fra le gomme, stranamente, figurava la colla. Ma le spezie più ricercate erano o farmaci medicinali, cosmetici, profumi, o condimenti e conservanti usati per i cibi. L'importanza di questi ultimi era ben evidente, soprattutto nell'Europa del Nord, dove ogni autunno per fare economia di foraggio si dovevano macellare un gran numero di animali, che venivano salati e poi consumati, già mezzo guasti, durante l'inverno.

Alcuni di questi condimenti si potevano coltivare anche in Europa. Lo zucchero, per esempio, che prima si importava dal Levante, nel tardo Medioevo fu coltivato e lavorato in sempre maggiori quantità a Creta, a Cipro, in Sicilia e nella Spagna sudorientale; Pegolotti ne elenca undici specie. Lo zafferano è un altro esempio di erba aromatica che, quando i rifornimenti dal Levante cominciarono a scarseggiare, fu coltivato largamente in Italia, in Spagna e in altre parti d'Europa, fra cui, per qualche tempo, anche l'Inghilterra orientale. Tuttavia lo zafferano era un'eccezione. Gli aromi e i conservanti più pregiati crescevano nell'umido clima dei tropici e non era possibile coltivarli altrove. Per questi prodotti l'Europa dipendeva interamente dal commercio con l'Asia.

Il pepe era di gran lunga il più importante come quantità; certe specie di *capsicum*, pepe rosso, crescevano in molte parti dei tropici, ivi compresi (come i portoghesi e gli spagnoli dovevano in seguito scoprire) l'Africa e il Nuovo Mondo, ma il pepe bianco e quello nero offerti abitualmente sul mercato provenivano dai frutti del *pepe nigrum*, che si trovava solo in Oriente e ivi si usava come condimento da tempo immemorabile. Cresceva nell'India meridionale e in tutto l'arcipelago malese. Il cinnamomo[2] era, ed è, limitato quasi esclusivamente a Ceylon. La noce moscata, con il suo derivato, il macis, si produceva soprattutto nell'arcipelago delle Banda[3]. I chiodi di garofano, la più rara fra le spezie, erano ricercati non solo per il loro sapore e il loro aroma, ma anche come efficaci conservanti per arrestare la putrefazione della carne, ed erano usati anche nella confezione di *pomander* – sferette d'oro o d'altro materiale costoso che si usavano come talismani contro la peste – e crescevano solo in poche isolette del gruppo delle Molucche[4].

Tutti questi prodotti pregiati erano oggetto di assidua domanda in Cina, in Persia, nei Paesi arabi e in tutta Europa. Il porto di Malacca[5], sulla via orientale dello stretto che porta il suo nome, durante il XIV secolo si trasformò da modesto villaggio di pescatori in un importante mercato internazionale di spezie, che soprattutto serviva i mercati cinesi, ma forniva anche spezie di origine insulare da spedire in India.

Le spezie che dovevano essere vendute nell'Asia occidentale e in Europa venivano acquistate dai mercanti indiani, persiani e arabi nei porti del Malabar[6], Calicut, Quilon, Cochin e Canonor, e portate a due principali porti di transito: Hormuz, alle bocche del

1. **Pegolotti**: mercante fiorentino del Trecento, autore del trattato *Conoscere le mercatantie*.
2. **cinnamomo**: pianta da cui si ricava la cannella.
3. **Banda**: piccolo arcipelago dell'Indonesia.
4. **Molucche**: arcipelago dell'Oceano Pacifico, non lontano dalle coste dell'Indonesia.
5. **Malacca**: città posta sull'omonimo stretto, che collega l'Oceano Indiano con l'Oceano Pacifico.
6. **Malabar**: regione situata lungo la costa sud-occidentale della penisola indiana.

golfo persico, e Aden, alle bocche del mar Rosso. Nel mar Rosso, questo lungo imbuto soffocante di acque scogliose, la navigazione era per lo più egiziana e faceva la spola da un porto all'altro partendo da Bab-el Mandeb[7] per arrivare a Suez, il porto che apriva la via del Cairo e della valle del Nilo. Le spezie trasportate da Suez via Cairo fino ad Alessandria erano offerte qui ai mercanti europei, fra i quali i veneziani erano il gruppo più importante.

Durante il secolo della pace tartara[8] gli europei nel commercio delle spezie avevano avuto la scelta delle fonti e la scelta delle strade. Questa scelta era andata soprattutto a favore dei genovesi, benché anche i veneziani inviassero flotte a Trebisonda[9]. Verso la fine del XIV secolo gli eventi congiurarono per restringere la scelta. Il rifornimento di spezie che giungeva ai compratori europei da Hormuz, attraverso Tana, Caffa, Trebisonda e Costantinopoli, fu grandemente ridotto e in alcuni periodi tagliato del tutto. La Siria era ancora sotto il controllo egiziano e gli arrivi di merce erano precari. Così i compratori si rivolsero nuovamente ad Alessandria, l'unico porto in cui si poteva essere sicuri di trovare la merce, benché ad alto prezzo. I veneziani furono i primi a effettuare questa svolta. Nel 1345 implorarono il papa perché togliesse l'embargo posto al commercio egiziano e conclusero nuovi trattati commerciali col sultano. Il papa rispose vendendo indulgenze individuali; il sultano fu lieto di riprendere il suo sfruttamento dei mercanti europei e i veneziani tornarono in gran numero ai loro vecchi commerci nei suoi domini, commerci mal tollerati, ma altamente lucrosi. Dal punto di vista dei consumatori europei in generale, le condizioni del commercio con l'Oriente alla fine del XIV secolo e all'inizio del XV erano dunque altamente sfavorevoli.

(da J.H. Parry, *La conquista del mare*, Milano, Bompiani, 1984)

7. **Bab-el Mandeb**: lo stretto che congiunge il Mar Rosso con l'Oceano Indiano.
8. **pace tartara**: nel corso del secolo XIII i Mongoli, o Tartari, crearono un impero immenso, che si estendeva dalla Cina alla Russia; i territori che ne facevano parte furono pacificati e i commerci ne furono assai favoriti.
9. **Trebisonda**: città della Turchia, che si affaccia sul Mar Nero.

A1 Perché il termine *spezie* è difficile da definire?

A Perché non sappiamo che cosa fossero.
B Perché comprendeva molti prodotti diversi fra loro.
C Perché gli autori del Medioevo non concordavano sul significato di questo termine.
D Perché gli studiosi non sono concordi sul suo significato.

A2 Quale delle seguenti affermazioni è falsa?

A Tutte le spezie erano commestibili.
B Le spezie erano quasi tutte prodotti naturali.
C Il Pegolotti ne elenca tre o quattrocento.
D Non tutte erano costose.

A3 Quale prodotto non è compreso fra quelli considerati come spezie da Pegolotti?

A il ferro
B il rame
C il cotone
D la gomma

A4 Perché, in autunno, nei Paesi del nord Europa si macellava un gran numero di animali?

A Perché nel periodo autunnale e invernale gli abitanti mangiavano di più.
B Perché gli animali non sarebbero sopravvissuti comunque ai rigori del freddo.
C Perché, dovendoli far rientrare nelle stalle, i contadini non avevano spazi sufficienti per ospitarli.
D Per risparmiare foraggio.

A5 **Quale, fra le seguenti spezie, era coltivabile anche in Europa?**
- [A] il cinnamomo
- [B] il pepe
- [C] lo zafferano
- [D] la noce moscata

A6 **Quale spezia era particolarmente ricercata per la sua capacità di conservare la carne?**
- [A] il cinnamomo
- [B] i chiodi di garofano
- [C] il pepe rosso
- [D] il pepe nero

A7 **Qual era, fra le spezie, quella importata in maggior quantità?**
- [A] il pepe
- [B] i chiodi di garofano
- [C] la noce moscata
- [D] lo zafferano

A8 **Da quali aree geografiche proveniva la maggior parte delle spezie?**
- [A] dall'Africa
- [B] dalla Cina
- [C] dall'America
- [D] dall'India e dall'Indonesia

A9 **Attraverso quale Paese le spezie transitavano dal Mar Rosso al Mediterraneo?**
- [A] Persia
- [B] Egitto
- [C] India
- [D] Turchia

A10 **Che cosa si intende per «pace tartara»?**
- [A] il periodo di pace reso possibile, in Asia, dalla nascita del grande impero tartaro
- [B] la pace stipulata fra i tartari e i cristiani
- [C] la pace stipulata fra i musulmani e i cristiani
- [D] è un modo di dire che significa "lungo periodo di pace"

A11 **Perché la «pace tartara» offrì una possibilità di scelta delle strade attraverso cui commerciare le spezie?**
- [A] Perché pacificò e rese transitabili regioni che prima non potevano essere attraversate.
- [B] Perché i tartari costruirono molte strade lungo le quali le carovane potevano passare più agevolmente.
- [C] Perché i tartari diedero la possibilità ai mercanti di scegliere la strada che preferivano.
- [D] Perché, grazie alla pace, fu possibile esplorare nuovi territori e trovare nuove strade.

A12 **In quale porto i mercanti erano sicuri di poter trovare le spezie dopo la chiusura di tutte le altre vie commerciali?**
- [A] Malacca
- [B] Genova
- [C] Venezia
- [D] Alessandria

A13 **Il testo è formato da due blocchi informativi. Nel primo si descrivono le proprietà, gli usi e la provenienza delle spezie, nel secondo le vie commerciali attraverso le quali esse giungevano in Europa. Trascrivi la frase con la quale inizia il secondo blocco.**

....

....

A14 **Nel testo si dice: «Dal punto di vista dei consumatori europei in generale, le condizioni del commercio con l'Oriente alla fine del XIV secolo e all'inizio del XV erano dunque altamente sfavorevoli» (righe 62-64). Come si giustifica tale affermazione?**

....

....

....

A15 **Da un punto di vista economico, il commercio di spezie risultò favorevole all'Oriente o all'Europa? Perché?**

....

....

....

QUESITI GRAMMATICALI

B1 **Sul dizionario la voce *radio* presenta i seguenti significati. Leggi le definizioni sotto riportate, quindi rispondi alle domande.**

1 radio
[rà-dio]
s.m. (pl. *-dii*)
Raggio

2 radio
[rà-dio]
s.m. (pl. *-dii*)
ANAT Osso lungo che, insieme all'ulna, forma lo scheletro dell'avambraccio

3 radio
[rà-dio]
o radium
s.m. (solo sing.)
CHIM Elemento chimico di simbolo Ra, del gruppo dei metalli alcalino-terrosi, radioattivo, presente nei minerali di uranio che trova larghe applicazioni nella chimica, nella fisica e, in misura minore di un tempo, in radioterapia

4 radio
[rà-dio]
s.f. inv.
1 Abbr. di *radiofonia*, *radiotelegrafia* e *radiotelefonia*

A quale categoria grammaticale appartengono le quattro voci?	....
Quale di esse è invariabile?	....
Quale di esse è un nome difettivo del plurale?	....
Quale di esse è un'abbreviazione?	....

B2 **Completa le frasi inserendo la parola adatta, che sceglierai fra quelle proposte nella parentesi.**

1. Il grado di (capitàno/càpitano) .... è superiore a quello di tenente.
2. L'aria di questa valle è molto (sàlubre/salùbre) ....
3. Il dottore mi ha diagnosticato uno stiramento del (tèndine/tendìne) ....
4. Mio padre lavora nel settore (edìle/èdile) ....

B3 **Quale segno grafico è adatto a contenere un inciso?**

A virgolette alte
B virgolette basse
C parentesi quadre
D lineette

B4 **Quale, fra gli aggettivi qualificativi sotto riportati, non può avere i gradi comparativo e superlativo?**

A piacevole
B chiaro
C stupendo
D attento

B5 **Scrivi accanto a ciascuna locuzione il pronome misto corrispondente.**

Es.: Riferirò al direttore quello che (= quanto) mi hai detto.

1. In qualsiasi luogo in cui: ....
2. Qualsiasi persona che: ....
3. Colui il quale: ....
4. Quelli che: ....

B6 **Scrivi accanto ai complementi di materia sotto riportati un aggettivo di significato equivalente.**

Es.: *d'argento = argenteo*

1. D'acqua: ....
2. Di ferro: ....
3. Di marmo: ....
4. Di legno: ....
5. Di piombo: ....
6. Di vetro: ....

B7 **Leggi il periodo seguente, quindi rispondi alle domande.**

Sebbene il cielo fosse sereno e non ci fosse un alito di vento, all'improvviso si sentì un forte tuono che proveniva dalla parte delle montagne, e in pochi minuti il cielo si coprì e scoppiò un temporale furibondo.

Da quante proposizioni è formato il periodo?	....
Quante sono le proposizioni subordinate?	....
Quante le coordinate alla principale?	....
Quante le coordinate alle subordinate?	....
Qual è il verbo della proposizione principale?	....

B8 **Sottolinea il connettivo contenuto in ciascuna frase.**

1. Mi iscriverò al torneo di ping pong, a patto che tu vi partecipi.
2. Ragazzi, come ben sapete, i Fenici erano un popolo di marinai.
3. Alzatevi in piedi quando entra il professore.
4. Ti aiuterò ancora, nonostante che tu non lo meriti.

B9 **Qual è il significato del seguente modo di dire?**

Cadere dalla padella nella brace

- [A] Non accorgersi che il cibo nella padella brucia.
- [B] Passare da una situazione brutta a una peggiore.
- [C] Scambiare una cosa o una persona per l'altra.
- [D] Restare sorpreso.

B10 **In quale frase è presente la figura retorica dell'iperbole (esagerazione di un concetto)?**

- [A] Quella ragazza si comporta come un'oca.
- [B] Quella ragazza è un'oca.
- [C] Quella ragazza, per la sua stupidità, si è cacciata in un mare di guai.
- [D] Quella ragazza non è certo un genio.

Alunno/a .... Classe .... Data ....

prova 7

Testo informativo

I giovani e l'alcol

Secondo i dati del monitoraggio Istat relativi al 2000, il consumo di alcol è notevolmente aumentato tra le giovani generazioni, toccando picchi sorprendenti tra i quattordicenni e le ragazze. Pur con le opportune cautele, è possibile stimare in 300mila maschi e oltre 160mila femmine di età compresa tra i 14 e i 17 anni, il numero dei giovani maggiormente a rischio, in quanto bevitori di amari e liquori, le bevande a più alta gradazione. L'aumento del numero di coloro che abusano, per quanto difficile da stabilire con precisione, è testimoniato dall'elevata frequenza di problemi alcol-correlati.
Il fenomeno, inoltre, risulta sempre più sganciato dal modello culturale "mediterraneo" caratterizzato da consumi moderati e strettamente legati ai pasti e orientato invece verso un modello di consumo "separato", di "binge drinking" (bere per ubriacarsi), di "ponte" o "droga d'accesso" verso l'uso di altre sostanze illegali.
Nell'immaginario collettivo dei giovani, per di più, l'alcol non viene percepito come un fattore di rischio, tutt'altro: il bere viene associato a momenti di gioia e di benessere.
Anche la televisione è complice di quest'atteggiamento.
L'Ossfad ha condotto un'accurata indagine su film e telefilm andati in onda tra il 2000 e il 2001, sulle principali reti televisive nazionali, allo scopo di quantificare la promozione occulta del consumo di alcol nella programmazione dei palinsesti televisivi. È emerso che l'alcol è presente sullo schermo ogni 13 minuti – il doppio della sigaretta – e che viene sorseggiato da personaggi "positivi", o che comunque risultano simpatici allo spettatore, in un contesto di convivialità e piacere, che ispira benessere e persino concentrazione.
Eppure le stime dell'Organizzazione mondiale della sanità dicono altro.
Secondo i dati raccolti dall'OMS, infatti, l'alcol è la prima causa di morte tra i giovani uomini europei: un decesso su quattro, tra i ragazzi di età compresa tra i 15 e i 29 anni, è dovuto al consumo di alcol per un totale di 55mila morti l'anno a causa di incidenti automobilistici, avvelenamento, suicidio indotto dal bisogno di liberarsi dall'alcolismo, omicidi legati allo stesso fenomeno.
Per quanto riguarda l'Italia, la situazione non è meno tragica: su 170mila incidenti stradali che si verificano annualmente sulle nostre strade, 50mila sono attribuibili all'elevato tasso di alcol presente nell'organismo, mentre circa la metà delle 6mila morti causate da tali incidenti riguardano individui giovani. Sono gli alcolici, infine, nel nostro Paese, la principale causa di cirrosi epatica.
Proprio per questo, l'Ossfad ha presentato, nel corso dell'evento, un modello di campagna sociale volta a sensibilizzare, informare e prevenire i rischi conseguenti all'abuso di bevande alcoliche tra i giovani. Si tratta del risultato finale di un'interessante esperienza di ascolto dei giovani realizzata in una sorta di approccio comunicativo "alla pari".
I ricercatori, cioè, si sono lasciati ispirare dai ragazzi stessi: 60 studenti, di differente provenienza regionale e di età compresa tra i 15 e i 25 anni, sono stati divisi in tre focus group. Li hanno ascoltati attentamente, ne hanno accolto le indicazioni e le osservazioni, ne hanno valorizzato le esperienze per poi utilizzarle nell'elaborazione del messaggio.
L'iniziativa intende proporre a Regioni, Comuni, Province e a tutti i soggetti pubblici impegnati nella tutela della salute, strumenti di comunicazione validi (cartelloni, dépliant, opuscoli, questionari, siti Internet) che possano raggiungere tutti i luoghi di ritrovo giovanile (scuole, pub, discoteche, concerti) e incidere efficacemente a modificare stili di vita dannosi.

(*Fonte:* Ufficio stampa - Istituto Superiore di sanità - f.f. Redazione Ministerosalute.it giugno/2003)

A1 **A quale anno si riferiscono i dati Istat citati nell'articolo?**
- [A] 1998
- [B] 2000
- [C] 2005
- [D] 2010

A2 **A quale età i giovani sono maggiormente esposti al rischio di un'assunzione esagerata di alcol?**
- [A] fra i 10 e i 12 anni
- [B] fra i 12 e i 14 anni
- [C] fra i 14 e i 17 anni
- [D] fra i 17 e i 20 anni

A3 **Quali sono le bevande alcoliche più pericolose?**
- [A] i vini da tavola
- [B] i vini spumanti
- [C] la birra
- [D] gli amari e i liquori

A4 **Quale, fra le seguenti affermazioni, è falsa?**
- [A] I ragazzi consumano più alcol delle ragazze.
- [B] Negli ultimi anni il consumo di alcol è aumentato notevolmente anche fra le ragazze.
- [C] Negli ultimi anni il consumo di alcol da parte dei giovani è rimasto stabile.
- [D] Negli ultimi anni il consumo di alcol da parte dei giovani è aumentato notevolmente.

A5 **In che cosa consiste il «modello culturale mediterraneo» per quanto riguarda il consumo di alcolici?**
- [A] Consiste nel bere quantità modeste di alcolici durante i pasti.
- [B] Consiste nel bere smodatamente durante i pasti.
- [C] Consiste nel bere quantità limitate di alcolici lontano dai pasti.
- [D] Consiste nel bere forti quantità di alcolici lontano dai pasti.

A6 **Qual è il fine per cui sembra che i giovani oggi facciano uso di alcol?**
- [A] essere più allegri
- [B] discorrere meglio dei loro problemi
- [C] ballare meglio
- [D] ubriacarsi

A7 **Quale delle seguenti affermazioni è falsa?**
- [A] Il consumo di alcol, per i giovani, è spesso una sorte di "ponte" verso l'uso di altre sostanze illegali.
- [B] Il bere viene associato dai giovani a momenti di gioia e di allegria.
- [C] I giovani non sono consapevoli che l'alcol è un fattore di rischio.
- [D] I giovani sono consapevoli che l'alcol è un fattore di rischio.

A8 **Che cosa significa l'espressione «palinsesti televisivi»?**
- [A] programmi per i giovani
- [B] l'elenco dei programmi televisivi che vanno in onda in un certo periodo
- [C] programmi di informazione
- [D] programmi di intrattenimento

A9 **Quale delle seguenti affermazioni è errata?**
- [A] La TV presenta con eccessiva frequenza scene in cui si fa consumo di alcol.
- [B] Alla TV il consumo di alcol è spesso associato a personaggi positivi.
- [C] Alla TV il consumo di alcol avviene spesso in un contesto che ispira benessere.
- [D] La TV avverte spesso e con forza dei pericoli derivanti da un consumo eccessivo di alcol.

A10 **Nel testo si dice che la ricerca dell'Ossfad è stata condotta con un approccio comunicativo «alla pari» (riga 36). Che cosa significa?**

A Che gli intervistati provengono da tutte le regioni italiane.
B Che il numero degli intervistati favorevoli all'uso dell'alcol è pari a quello degli intervistati che sono contrari a tale uso.
C Che il numero dei ricercatori è uguale a quello degli intervistati.
D Che i ricercatori hanno tenuto conto dei pareri degli intervistati, senza pretendere di imporre il proprio punto di vista.

A11 **Quanti dei 170 000 incidenti stradali che avvengono ogni anno in Italia sono legati al consumo di alcol?**

A 100 000
B 70 000
C 50 000
D 3 000

A12 **La frase sotto riportata (riga 22) inizia con una congiunzione avversativa che mette in opposizione l'affermazione in essa contenuta con un'affermazione precedente. Qual è l'affermazione che qui viene contestata?**

Eppure le stime dell'Organizzazione mondiale della sanità dicono altro.

VIENE ASSOCIATO A MOMENTI DI GIOIA E BENESSERE

A13 **Quale malattia mortale, piuttosto diffusa nel nostro Paese, è legata a un abuso di alcol?**

A il cancro
B l'infarto
C la cirrosi epatica
D il diabete

A14 **Quale ente o istituzione ha presentato un modello di campagna sociale volta a sensibilizzare, informare e prevenire i rischi conseguenti all'abuso di bevande alcoliche tra i giovani?**

A l'Istat
B l'Unione Europea
C l'ONU
D l'Ossfad

A15 **Quale fra le seguenti affermazione è errata?**

A La ricerca dell'Ossfad si è avvalsa della collaborazione di 60 studenti.
B Gli studenti che vi hanno preso parte avevano un'età compresa fra i 15 e i 25 anni.
C La ricerca è stata commissionata dal Governo.
D Il fine della ricerca è quello di trovare strumenti di comunicazione efficaci da far giungere nei luoghi di ritrovo giovanile.

QUESITI GRAMMATICALI

B1 **Individua e sottolinea le parole scritte in modo scorretto (una per gruppo).**

1. vantaggioso - maggio - paggella - coraggio - peggiore
2. abbellire - desiderabile - abbreviare - carabbiniere - dubbio
3. ippopottamo - mattone - strettoia - rottame - soprattutto
4. acquisto - accudire - acquerello - taccuino - eccuivoco

B2 **Leggi il testo seguente, quindi inserisci nella tabella i verbi in esso contenuti (undici in tutto).**

Una delle poche cose, anzi forse la sola ch'io sapessi di certo era questa: che mi chiamavo Mattia Pascal. E me ne approfittavo. Ogni qual volta qualcuno de' miei amici o conoscenti dimostrava d'aver perduto il senno fino al punto di venire da me per qualche consiglio o suggerimento, mi stringevo nelle spalle, socchiudevo gli occhi e gli rispondevo:
– Io mi chiamo Mattia Pascal.

verbi di modo finito	
verbi di modo indefinito	aver perduto, venire

B3 **Completa le frasi inserendo opportunamente il pronome personale di seconda persona singolare soggetto (tu) o complemento (te).**

1. Marisa, sei stata tu a spegnere il televisore?
2. Oh Renato, cercavo proprio te !
3. Hai letto anche tu questo romanzo?
4. Hai poco da scherzare, domani la professoressa di matematica interrogherà anche te
5. Carla, ho dimenticato di comprare il pane: puoi comprarlo tu ?

B4 **Inserisci nella tabella i nomi seguenti.**

acqua - capolinea - corazziere - cavallino - apprendista - luce - marciapiede - venticello - rubacuori - nuvola - vicoletto - cartolaio

nomi primitivi	ACQUA - LUCE - NUVOLA
nomi derivati	CARROZZIERE - APPRENDISTA - CARTOLAIO
nomi alterati	CAVALLINO - VENTICELLO - VICOLETTO
nomi composti	CAPOLINEA - MARCIAPIEDE - RUBACUORI

B5 **Completa le frasi inserendo gli opportuni connettivi.**

1. Le previsioni indicavano bel tempo, INVECE è piovuto tutto il giorno.
2. Sono arrivato in ritardo PERCHÉ c'era molto traffico.
3. Non rifarei quell'errore SE potessi tornare indietro.
4. Tutti dormivano MENTRE l'oratore parlava.
5. Luca è portato per la matematica, INFATTI prende sempre voti bellissimi.

B6 **Trascrivi il nome sostituito in questa frase dal pronome *ne*.**

Non conosco il problema che ci ha descritto il direttore, non ne ho mai sentito parlare.

B7 **In quale frase è utilizzato il presente storico?**

A Chi fa da sé, fa per tre.
B Il leone vive in Africa.
C Sbarcato in Sicilia, Garibaldi sconfigge ripetutamente l'esercito borbonico. (X)
D Papà si alza sempre molto presto.

B8 **Quale funzione logica svolgono le parole sottolineate?**

Passo raramente <u>di qui</u> perché abito dall'altra parte della città.

A complemento di stato in luogo
B complemento di moto a luogo
C complemento di moto da luogo
D complemento di moto per luogo (X)

B9 **Di che tipo è la proposizione sottolineata nel testo seguente?**

Una delle poche cose, anzi forse la sola ch'io sapessi di certo era questa: <u>che mi chiamavo Mattia Pascal</u>.

- A soggettiva
- B oggettiva
- C dichiarativa
- D relativa

B10 **In quale delle seguenti frasi la parola *stella* è usata in senso figurato?**

- A La stella polare indica il nord.
- B Il Sole è una stella, non un pianeta.
- C Gli sceriffi portavano al petto una stella di latta.
- D Rita è convinta di poter diventare una stella del cinema.

Alunno/a .... Classe .... Data ....

prova 8

Testo informativo

Le vie del mercato equosolidale sono infinite

Il Commercio equo e solidale (Cees) celebra domani la sua giornata mondiale. Il Cees, o Fair Trade, è l'altra faccia della globalizzazione che, alla logica del massimo profitto, contrappone quella no profit della lotta allo sfruttamento e del consumo critico, impiantando nel Sud del mondo colture che servano anche a mitigare la povertà, rispettino la salute, le donne, i bambini, l'ambiente, la trasparenza, promuovendo lo sviluppo sostenibile e garantendo salari dignitosi.

Il movimento, che ha visto la luce fra i protestanti mennoniti[1] americani nel 1945 e ha trovato lo slancio in Europa, a partire da Inghilterra e Olanda negli anni '60, costituisce ormai un fenomeno di mercato, seppure di nicchia: dal 2000 al 2005, in venticinque Paesi europei ha incrementato il suo valore di affari del 154%, raggiungendo un fatturato di oltre 660 milioni. Quasi ottantamila i punti vendita, tra i quali prevale la grande distribuzione (oltre 57 mila supermercati e affini), seguita da circa 19 mila esercizi commerciali e poco meno di tremila "botteghe del mondo" che impegnano più di centomila volontari. In Italia, il fatturato 2006 è stato di 110 milioni: vendite al 45% nella grande distribuzione e per il resto nelle circa 500 botteghe.

Nel mondo, come in Italia, i produttori della filiera Cees sono piccole organizzazioni, famiglie o coop del Sud del mondo, che devono garantire il rispetto di minime norme sul salario e i diritti degli associati e dei dipendenti, avviare processi produttivi ecocompatibili, investire la parte dei guadagni superiore a quelli di mercato in azioni per la comunità: il Fair Trade pacifica comunità uscite dalla guerra come in Ruanda, fa aprire scuole, fornisce pari opportunità alle donne.

I traders, invece, sono gli esportatori-importatori che selezionano i produttori, li formano e pagano loro un prezzo "dignitoso", indipendente dagli sbalzi del mercato. In Italia, le maggiori centrali di export-import equo e solidale sono una decina, ma anche le catene della grande distribuzione come Coop hanno stipulato contratti fair con i produttori.

Organismi di certificazione verificano e garantiscono che la produzione sia eseguita secondo i dettami fair. Quanto ai distributori, un tempo erano soprattutto le botteghe. Poi sono arrivati i supermercati.

Negli ultimi mesi, però, il fair trade è diventato oggetto di inchieste dei giornali economici: a settembre il Financial Times ha denunciato che in Perù, in quattro piantagioni di caffè equo e solidale, i lavoratori sono pagati sotto il minimo sindacale, che le coltivazioni si estendono anche su aree protette, che una parte del prodotto certificato fair è di origine ignota. «Qualche errore va messo nel conto», ma «la struttura generale funziona» spiega Alberto Zoratti, vicepresidente dell'Agices, l'associazione di categoria dell'Equo e solidale. L'Economist, a dicembre, ha sostenuto che il fair trade è assistenzialista e vizia il mercato. Giampaolo Barbetta, economista della Cattolica, ribatte che il Cees «giova in qualche misura perché apre sbocchi a produttori che altrimenti non avrebbero avuto accesso ai mercati occidentali e ai nostri standard di qualità» e che «rompe il monopolio dei singoli mediatori, aprendo alla concorrenza anche le aree più isolate».

(da M. Nucci, R. Niri, P. Zanuttini, in www.repubblica.it, 9 maggio 2007)

1. **protestanti mennoniti**: setta protestante fondata nel secolo XVI dall'olandese Menno Simmons.

A1 **Qual è il significato del termine *solidale*?**

- A Che ha una struttura solida.
- B Che ha un carattere amichevole.
- C Che costa poco.
- D Che è disposto a dividere impegni e responsabilità con altri.

A2 **Quale dei seguenti aggettivi è sinonimo di *equo*?**

[A] giusto
[B] ingiusto
[C] caro
[D] economico

A3 **Quale obiettivo si pone il commercio equo e solidale?**

[A] Sviluppare l'economia mondiale.
[B] Contrapporre alla logica del massimo profitto quella no profit della lotta allo sfruttamento e del consumo critico.
[C] Favorire le economie dei Paesi dell'Unione Europea.
[D] Favorire le economie del Nord del mondo.

A4 **Quale, fra i seguenti obiettivi, è estraneo al commercio equo e solidale?**

[A] Mitigare la povertà.
[B] Rispettare la salute, le donne, i bambini, l'ambiente, la trasparenza.
[C] Promuovere lo sviluppo sostenibile e garantire salari dignitosi.
[D] Aumentare i profitti dei grandi proprietari terrieri.

A5 **Dove è nata l'idea del commercio equo e solidale?**

[A] presso l'ordine dei Gesuiti
[B] presso i protestanti luterani
[C] presso i protestanti calvinisti
[D] presso i protestanti mennoniti

A6 **Che cosa significa l'espressione «mercato di nicchia»?**

[A] Un mercato di piccole dimensioni, dove non esiste una forte concorrenza.
[B] Un mercato di ampie dimensioni, caratterizzato da una forte concorrenza.
[C] Un mercato dove si trattano esclusivamente prodotti agricoli.
[D] Un mercato dove i profitti sono minimi.

A7 **A quali anni si riferiscono i dati qui riportati?**

[A] al 1945
[B] al periodo 1990-2000
[C] al periodo 2000-2005
[D] al periodo 2005-2010

A8 **In quale continente si trovano i venticinque Paesi a cui fanno riferimento i dati contenuti nell'articolo?**

[A] in America
[B] in Asia
[C] in Africa
[D] in Europa

A9 **Quale sistema di vendita prevale in questo tipo di commercio?**

[A] vendita diretta dal produttore al consumatore
[B] botteghe del mondo
[C] esercizi commerciali
[D] grande distribuzione

A10 **Quanti sono all'incirca i volontari che in tutto il mondo operano nel settore del commercio equo e solidale?**

[A] 500 000
[B] 100 000
[C] 50 000
[D] 10 000

A11 **Quale, tra le seguenti affermazioni, è errata?**
- A I produttori devono garantire il rispetto dei diritti degli associati e dei dipendenti.
- B I produttori devono garantire salari molto elevati ai lavoratori.
- C I produttori devono garantire l'avvio di processi ecocompatibili.
- D I produttori devono investire la parte dei guadagni superiore a quelli di mercato in azioni per la comunità.

A12 **Chi sono i *traders* che operano nel settore del commercio equo e solidale?**
- A i produttori
- B gli esportatori-importatori
- C i venditori
- D i clienti

A13 **Quale, fra le seguenti affermazioni, è errata?**
- A A settembre il Financial Times ha denunciato che in Perù, in quattro piantagioni di caffè equo e solidale, i lavoratori sono pagati sotto il minimo sindacale.
- B A settembre il Financial Times ha denunciato che in Perù, in quattro piantagioni di caffè equo e solidale, le coltivazioni si estendono anche su aree protette.
- C A settembre il Financial Times ha denunciato che in Perù, in quattro piantagioni di caffè equo e solidale, una parte del prodotto certificato *fair* è di origine ignota.
- D A settembre il Financial Times ha denunciato che in Perù, in quattro piantagioni di caffè equo e solidale, non sono stati avviati processi ecocompatibili.

A14 **L'Economist ha sostenuto che il *fair trade* è assistenzialista e vizia il mercato. Che cosa significa?**
- A Che i vantaggi offerti da questo sistema pongono le aziende produttrici al riparo dalla concorrenza e non le stimolano a migliorarsi.
- B Che le aziende di questo settore impiegano soltanto lavoratori che pretendono molto e lavorano poco.
- C Che il sistema del commercio equo e solidale vizia i consumatori, che pretendono prezzi sempre più bassi e qualità sempre migliori.
- D Che il sistema del commercio equo e solidale rovina le aziende concorrenti, che non ne fanno parte.

A15 **Perché, secondo l'economista della Cattolica, il sistema del commercio equo e solidale è utile?**
- A Perché fornisce un modello a cui potrebbero ispirarsi anche i produttori e i commercianti europei.
- B Perché serve ad abbassare i prezzi dei prodotti venduti sui nostri mercati.
- C Perché permette alla grande distribuzione di realizzare maggiori profitti.
- D Perché rompe il monopolio dei singoli mediatori, aprendo alla concorrenza anche le aree più isolate.

QUESITI GRAMMATICALI

B1 **Quale, fra i complementi che seguono, è classificato come "diretto"?**
- A complemento oggetto
- B complemento di specificazione
- C complemento di termine
- D complemento di qualità

B2 **Quale, fra quelli sotto riportati, è un periodo ipotetico della possibilità?**
- A Se ti avessi dato retta, non avrei commesso questo sbaglio.
- B Se vuoi prendere il treno delle otto, sbrigati.
- C Se passerò dalle tue parti, verrò a trovarti.
- D Se i dinosauri non si fossero estinti, sarebbero loro i dominatori del nostro pianeta.

B3 **Completa il periodo inserendo la forma opportuna del verbo *potere*, scegliendo tra le forme seguenti: potevo - potessi - avessi potuto - avrei potuto.**

Se .... ti avrei certamente aiutato.

B4 **Sottolinea il soggetto della frase seguente.**

Secondo le previsioni meteorologiche, presto arriverà la neve anche sulla nostra città.

B5 **Inserisci davanti a ciascun aggettivo un prefisso che gli faccia assumere un significato opposto.**

1. ....desiderabile

2. ....lecito

3. ....informato

4. ....critico

B6 **Volgi il discorso indiretto in discorso diretto.**

Il pirata mi disse che, il giorno successivo, avrebbe scavato lì per trovare il tesoro.

....

B7 **Leggi il periodo seguente, quindi sottolinea la proposizione principale.**

Solo quando avrò la certezza che avrai deciso di impegnarti nello studio ti regalerò una bicicletta nuova.

B8 **Quale funzione svolge la frase seguente?**

Non premere mai questo tasto.

[A] Trasmette un ordine.
[B] Fornisce una notizia.
[C] Esprime un desiderio.
[D] Manifesta un sentimento.

B9 **Completa la frase con la parola opportuna, che sceglierai fra le seguenti: po - po' - pò.**

In questa minestra, secondo me, dovresti aggiungere un .... di sale.

B10 **Quale, fra le parole seguenti, ha la stessa forma per il singolare e il plurale?**

[A] superficie
[B] specie
[C] cornice
[D] forbice

Alunno/a .... Classe .... Data ....

prova 9

Testo informativo

La fuga continua

Esodo dei cervelli, esodo dei talenti, emigrazione dei talenti, esportazione di cervelli... Chiamatelo come volete il fenomeno della "fuga di cervelli" di cui oggi – ancora nel pieno di una crisi che non molla la presa ma di cui, anzi, molte famiglie stanno vivendo ricadute devastanti – si parla sempre più spesso, con particolare riferimento, per quanto ci riguarda, ai giovani italiani costretti a emigrare per sviluppare talenti che altrimenti resterebbero inespressi sotto la scure dei tagli e delle raccomandazioni.
Così l'Enciclopedia Britannica definisce il "brain drain": «l'abbandono di un Paese a favore di un altro da parte di professionisti o persone con un alto livello di istruzione, generalmente in seguito all'offerta di condizioni migliori di paga o di vita». Formulato nei primi anni '60 del secolo scorso dalla Royal Society, per riferirsi all'esodo di scienziati e ricercatori britannici verso gli Stati Uniti, il concetto è stato ben presto esteso alla forza lavoro qualificata senza distinguere tra settori professionali. Successivamente gli studi si sono concentrati sul fenomeno delle migrazioni qualificate dai Paesi in via di sviluppo (depauperati così di capitale umano) a quelli sviluppati. Sorge spontanea la domanda: l'Italia tra quali Paesi si colloca attualmente?

Che cosa fanno gli altri

Insomma, il succo è che i Paesi meno sviluppati formano a proprie spese il personale che, invece di aiutare la crescita economica domestica, favorisce quella dei Paesi di destinazione. Secondo un rapporto della Banca Mondiale diffuso nel 2005 (*Migrazioni internazionali, rimesse e fuga di cervelli*), i Paesi poveri danno a quelli ricchi fino all'89% dei propri "cervelli". «Una vera e propria tratta[1]», ha sottolineato Alpha Oumar Konaré, presidente della Commissione dell'Unione Africana.
I Paesi di destinazione sono Australia, Canada e Nuova Zelanda (dove i migranti rappresentano circa il 20% della forza lavoro), Stati Uniti e Unione Europea.
L'impiego è prevalentemente in ambito sanitario e sociale (nei Paesi ricchi queste figure professionali sono insufficienti rispetto alle necessità), con gravi ripercussioni nei Paesi di provenienza, dove spesso il settore sanitario è già estremamente fragile. L'Africa, per esempio, è caratterizzata da una forte incidenza della povertà, delle malattie e in particolare della pandemia[2] dell'Aids: questo continente, che si porta addosso il 24% del carico di malattia globale, ha solo il 3% del personale sanitario mondiale; in alcuni Paesi, addirittura, la metà dei medici lasciano la loro terra per lavorare in Paesi OCSE. «La partenza massiccia di infermiere, ostetriche e di medici dai Paesi poveri verso quelli ricchi è uno dei problemi più difficili posti oggi dalla migrazione internazionale», afferma la Banca Mondiale nel suo rapporto, al punto che nel maggio 2010 l'Organizzazione Mondiale della Sanità ha approvato il nuovo Codice internazionale per il reclutamento di personale sanitario che punta a regolare e contenere la migrazione di medici e infermieri qualificati formati in Paesi impoveriti verso i Paesi del Nord del mondo, attraverso meccanismi che prevedono, tra le altre cose, il rafforzamento dei sistemi sanitari dei Paesi del Sud del mondo.
In Italia di medici stranieri ne arrivano pochi – negli anni passati le nostre facoltà di medicina sono state letteralmente prese d'assalto –, ma visto che da noi si diplomano meno infermieri di quanti siano necessari, anche solo per coprire il turn over, dobbiamo reclutarli da altri Paesi.

1. **tratta**: commercio; tristemente famosa la tratta degli schiavi africani che nei secoli scorsi venivano venduti in America.
2. **pandemia**: epidemia diffusa in vastissime zone.

Che cosa capita da noi

Ma parliamo adesso dell'Italia non come meta di "cervelli" in fuga, ma come uno dei Paesi europei che di cervelli ne esporta di più, soprattutto di giovani laureati. Secondo l'Aire (Anagrafe italiani residenti all'estero) in dieci anni, dal 2000, sono 300 mila i concittadini fra i 20 e i 40 anni che si sono trasferiti in un'altra nazione. Ancora, secondo il rapporto di Bankitalia del 2010 *Mobilità del lavoro in Italia*, negli ultimi 15 anni oltre 2 milioni di laureati hanno lasciato il Mezzogiorno per cercare fortuna al Nord o all'estero, anche se i nuovi contratti di lavoro hanno modificato le aspettative dei giovani migranti.

«I nuovi rapporti di lavoro – spiega il rapporto – e la diffusione dei contratti a termine hanno inciso sugli incentivi alla mobilità geografica, rendendo più incerto il rendimento atteso dallo spostamento». Così, non è più il giovane emigrato a sostenere la famiglia con le rimesse, ma è la famiglia ad aiutarlo economicamente fino al suo completo inserimento nel mondo del lavoro.

«Il Mezzogiorno – si sottolinea nel rapporto – diventa sempre meno capace di trattenere il proprio capitale umano, impoverendosi della dotazione di uno dei fattori chiave per la crescita socio-economica regionale».

Nell'ottobre scorso a Ostuni (Puglia) un trentottenne con una laurea e senza lavoro si è suicidato lanciandosi da un treno in corsa, mentre un mese dopo un dottorando siciliano di 27 anni, laureato a pieni voti e speranzoso di trovare un futuro nell'ateneo pur senza essere raccomandato, si è gettato da un terrazzo della sua università dopo che i suoi sogni sono stati infranti.

Più che mai attuale (soprattutto dopo gli ulteriori recenti tagli alla ricerca e all'istruzione) è la lettera che nel dicembre 2009 sedici giovani italiani (artisti, manager, ricercatori, ingegneri, professori) fuggiti negli Stati Uniti, in Spagna, Francia, Gran Bretagna, Belgio scrissero al Presidente della Repubblica Napolitano spiegandogli i motivi per cui avevano scelto di andare a lavorare all'estero e le condizioni per cui sarebbero stati disposti a tornare.

La lettera esordiva: «Negli ultimi anni centinaia di migliaia di giovani italiani sono emigrati all'estero, per fuggire dal Paese più immobile d'Europa. Un concentrato di immeritocrazia[3], nepotismo[4] e gerontocrazia[5] che ha pochi pari nel Vecchio Continente. Un Paese che, dati alla mano, preferisce parcheggiare i propri giovani – le forze più creative e innovative della società –, relegandoli in angoli spesso scomodi, tra lavori precari e un welfare state[6] a quasi totale carico della famiglia di origine. Anche per questo l'Italia non è Europa».

Più chiari di così...

(da P. Spagnolo, in «Dimensioni Nuove», settembre 2011)

3. **immeritocrazia**: il mancato riconoscimento dei meriti.
4. **nepotismo**: favoritismo verso i familiari o i parenti.
5. **gerontocrazia**: letteralmente "potere degli anziani".
6. **welfare state**: sistema sociale in cui lo Stato garantisce a tutti i cittadini assistenza sanitaria, pensioni e servizi di pubblica utilità.

A1 Che cosa significa il termine *esodo*?

A emigrazione di grandi masse umane
B viaggio all'estero
C disoccupazione
D mancanza

A2 Qual è, attualmente, la causa principale della «fuga dei cervelli» dal nostro Paese?

A la scarsa preparazione dei giovani
B la convinzione che all'estero si lavori di meno
C la crisi economica e il fenomeno delle raccomandazioni
D il desiderio dei giovani di viaggiare

A3 **Quale, fra le seguenti affermazioni, è falsa?**

A La definizione di *brain drain* risale agli anni '60.
B Il fenomeno del *brain drain* si riferiva inizialmente all'emigrazione di operai inglesi verso gli Stati Uniti.
C Il termine è stato impiegato per designare il fenomeno dell'emigrazione qualificata dai Paesi in via di sviluppo verso i Paesi sviluppati.
D L'espressione *brain drain* è stata coniata dalla *Royal Society*.

A4 **Qual è la percentuale del personale specializzato che in certi Paesi in via di sviluppo si trasferisce all'estero?**

A 89%
B 80%
C 50%
D 25%

A5 **Qual è la percentuale di lavoratori africani specializzati presente in Paesi come l'Australia, la Nuova Zelanda, il Canada?**

A 89%
B 60%
C 35%
D 20%

A6 **In quale ambito sono prevalentemente occupati questi lavoratori?**

A industriale
B commerciale
C agricolo
D sanitario e sociale

A7 **Indica quale, tra le seguenti affermazioni, è falsa.**

A Le malattie e la povertà sono i più gravi mali dell'Africa.
B Il numero di medici nel continente africano è insufficiente.
C Quasi un quarto del carico di malattie globale è concentrato in Africa.
D I medici e gli infermieri africani raramente emigrano all'estero.

A8 **Quale obiettivo si propone di raggiungere il nuovo Codice internazionale per il reclutamento di personale sanitario approvato dall'Organizzazione Mondiale della Sanità nel maggio 2010?**

A Aumentare il numero di medici e infermieri qualificati, formati in Paesi poveri, da mandare all'estero.
B Limitare l'emigrazione di medici e infermieri dai Paesi meno sviluppati verso quelli più sviluppati.
C Migliorare la preparazione del personale sanitario dei Paesi poveri.
D Creare le condizioni per poter trasportare i malati dei Paesi poveri negli ospedali dei Paesi più sviluppati.

A9 **Perché in Italia i medici stranieri sono poco numerosi?**

A Perché gli italiani non si fidano di loro.
B Perché gli stranieri non vogliono venire in Italia.
C Perché in Italia vi sono già molti medici.
D Perché in Italia non vi sono abbastanza ospedali per accoglierli.

A10 **Che cosa si intende con l'espressione *turn over*?**

A il licenziamento
B la sostituzione del personale che va in pensione mediante nuove assunzioni
C l'arrivo di personale da altri Paesi
D l'anzianità di carriera

A11 **Che cosa sono i contratti a termine?**
- [A] contratti di lavoro di lunga durata
- [B] contratti di lavoro scaduti
- [C] contratti di lavoro a tempo indeterminato
- [D] contratti che fissano anticipatamente la durata del rapporto di lavoro

A12 **In che modo questi contratti influenzano l'emigrazione dal Mezzogiorno verso il Nord Italia?**
- [A] La facilitano perché, essendo di breve durata, permettono un rapido ritorno dell'emigrante al paese di origine.
- [B] La facilitano perché, essendo di breve durata, attraggono l'emigrante che può cambiare spesso lavoro e quindi fare nuove esperienze.
- [C] La ostacolano perché, essendo di breve durata, non offrono all'emigrante alcuna garanzia per il futuro.
- [D] Non hanno alcuna influenza sul movimento migratorio.

A13 **Che cos'è cambiato, rispetto a un tempo, nel rapporto fra gli emigrati al Nord e le loro famiglie?**
- [A] Un tempo gli emigrati inviavano alle famiglie una parte dei loro guadagni, mentre oggi sono loro ad avere bisogno del sostegno delle famiglie.
- [B] Un tempo le famiglie meridionali seguivano i giovani al Nord.
- [C] Oggi i giovani meridionali trovano lavoro nei loro paesi.
- [D] Oggi le famiglie meridionali non permettono che i figli emigrino.

A14 **Indica i tre principali motivi per cui l'Italia non offre prospettive di lavoro e di carriera ai giovani.**

1. ....

2. ....

3. ....

A15 **Quali delle seguenti affermazioni sono vere? (Puoi segnare più di una risposta)**
- [A] L'emigrazione dei giovani costituisce un notevole danno per l'Italia.
- [B] La forte emigrazione giovanile fa dell'Italia uno dei Paesi più arretrati d'Europa.
- [C] L'emigrazione dei giovani all'estero favorisce l'economia italiana.
- [D] L'emigrazione giovanile è un fenomeno a cui non si può porre rimedio.

QUESITI GRAMMATICALI

B1 **In quale delle seguenti frasi la parola *stato* va scritta con la lettera maiuscola?**
- [A] Nonostante sia piuttosto vecchia, la mia auto è ancora in buono stato.
- [B] Mi piacerebbe andare in Egitto perché non ci sono mai stato.
- [C] La Costituzione è la legge fondamentale dello stato.
- [D] Il ladro è stato sorpreso sul fatto.

B2 **Completa le frasi inserendo le parole adatte, che sceglierai fra quelle proposte nelle parentesi.**

1. Chi fa da (se/sé) .... fa per (tre/tré) ....
2. Non (e/è) .... bello ciò che è bello, ma (e/è) .... bello ciò che piace.
3. (Di/Dì/Di') .... la verità, sei stato (tu/tù) .... a mangiare quei cioccolatini.
4. Papà (da/dà/da') .... sempre torto a (te/tè) ....

B3 **Fra i nomi sotto riportati ve ne sono quattro che hanno il plurale uguale al singolare. Individuali e sottolineali.**

pomodoro - racchetta - crisi - camion - nipote - marinaio - verità - diamante - specie - alleanza

B4 **Nel brano sotto riportato è presente un nome collettivo. Individualo e sottolinealo.**

In natura, i principali nemici del bisonte sono i lupi e gli orsi. Tuttavia, grazie alla sua mole e al fatto che vive in branchi numerosi, il bisonte può comunque difendersi efficacemente anche da questi animali. La durata media della vita del bisonte americano è di 20-25 anni.

B5 **Quale fra i seguenti verbi non può reggere un complemento oggetto?**

[A] camminare
[B] raggiungere
[C] richiedere
[D] riferire

B6 **Quale frase contiene un complemento di vantaggio?**

[A] Tutto è pronto per la festa di domani.
[B] Per me, tutta questa discussione è inutile.
[C] Sono stato multato per un'infrazione minima.
[D] Quell'uomo si è sempre sacrificato per la famiglia.

B7 **Leggi la frase seguente, quindi svolgi gli esercizi richiesti nella tabella.**

<u>Prima di sposarmi</u> uscivo tutte le sere, mentre ora, dopo cena, rimango quasi sempre a casa.

Indica da quante proposizioni è formato il periodo	....
Trascrivi la proposizione principale	....
Indica di che tipo è la proposizione sottolineata	....
Riscrivi la proposizione sottolineata, trasformandola da implicita in esplicita	....

B8 **Che cosa sono gli omonimi?**

[A] parole che hanno lo stesso significato
[B] parole che hanno un significato opposto
[C] parole il cui significato include quello di altre parole di significato più ristretto
[D] parole che si scrivono allo stesso modo ma hanno significato diverso

B9 **Completa la frase con un connettivo adatto.**

Annibale riuscì incredibilmente a superare le Alpi .... avesse con sé numerosi elefanti.

B10 **Inserisci nella tabella le parole elencate, a seconda del linguaggio specialistico a cui appartengono.**

apotema - neolitico - pleurite - encefalogramma - satellite - perimetro - Rinascimento - galassia - quasar - tachicardia - vertice - Medioevo

geometria	astronomia	medicina	storia
....	....	....	....
....	....	....	....
....	....	....	....

Alunno/a .... Classe .... Data ....

prova 10 Testo descrittivo

Il gorilla albino

Nello zoo di Barcellona esiste l'unico esemplare che si conosca al mondo di scimmione albino, un gorilla dell'Africa equatoriale. Il signor Palomar si fa largo tra la folla che s'assiepa nel suo padiglione. Al di là d'una vetrata, «Copito de Nieve» («Fiocco di neve», cosi lo chiamano), è una montagna di carne e pelo bianco. Seduto contro una parete sta prendendo il sole. La maschera facciale è d'un roseo umano, lavorata dalle rughe; anche il petto mostra una pelle glabra[1] e rosea, come quella degli uomini di razza bianca. Quel viso dalle fattezze enormi, da gigante triste, ogni tanto si volta verso la folla dei visitatori oltre il vetro, a meno d'un metro da lui; un lento sguardo carico di desolazione e pazienza e noia, uno sguardo che esprime tutta la rassegnazione a essere come si è, unico esemplare al mondo d'una forma non scelta, non amata, tutta la fatica di portarsi addosso la propria singolarità, tutta la pena d'occupare lo spazio e il tempo con la propria presenza cosi ingombrante e vistosa.

La vetrata apre la vista su un recinto circondato d'alte pareti in muratura che gli dànno un aspetto di cortile di prigione ma che è in realtà il «giardino» della casa-gabbia dei gorilla, dal cui suolo s'elevano un basso albero senza foglie e una scala di ferro da palestra di ginnastica. Più in là nel cortiletto c'è la femmina, una grande gorilla nera con un piccolo pure nero in braccio: il biancore del pelo non si eredita; «Copito de Nieve» resta l'unico albino di tutti i gorilla.

Canuto e immobile, lo scimmione evoca alla mente del signor Palomar un'antichità immemoriale, come le montagne o le piramidi. In realtà è un animale ancora giovane e solo il contrasto tra il volto roseo e il corto pelo candido che lo incornicia e soprattutto le rughe tutt'intorno agli occhi gli dànno l'apparenza d'un vegliardo. Per il resto, l'aspetto di «Copito de Nieve» presenta meno somiglianze con l'uomo di quello d'altri Primati: al posto del naso le narici scavano una doppia voragine; le mani, pelose e – si direbbe – poco articolate, all'estremità di braccia molto lunghe e rigide, sono ancora in realtà delle zampe, e come tali il gorilla le usa nel camminare, appoggiandole al suolo come un quadrupede.

Ora queste braccia-zampe stringono contro il petto un copertone di pneumatico d'auto. Nell'enorme vuoto delle sue ore, «Copito de Nieve» non abbandona mai il copertone. Cosa sarà questo oggetto per lui? Un giocattolo? Un feticcio[2]? Un talismano[3]? A Palomar sembra di capire perfettamente il gorilla, il suo bisogno d'una cosa da tener stretta mentre tutto gli sfugge, una cosa in cui placare l'angoscia dell'isolamento, della diversità, della condanna a essere sempre considerato un fenomeno vivente, dalle sue femmine e dai suoi figli come dai visitatori dello zoo.

Anche la femmina possiede un copertone d'auto, ma questo per lei è un oggetto d'uso, con cui ha un rapporto pratico e senza problemi: ci sta seduta dentro come in una poltrona, a prendere il sole spulciando il figlioletto. Per «Copito de Nieve» invece il contatto col pneumatico sembra essere qualcosa d'affettivo, di possessivo e in qualche modo simbolico. Di lì gli si può aprire uno spiraglio verso quella che per l'uomo è la ricerca d'una via d'uscita dallo sgomento di vivere: l'investire se stesso nelle cose, il riconoscersi nei segni, il trasformare il mondo in un insieme di simboli; quasi un primo albeggiare della cultura nella lunga notte biologica. Per far questo il gorilla albino dispone solo d'un copertone d'auto, un artefatto[4] della produzione umana, estraneo a lui, privo d'ogni potenzialità simbolica, nudo di significati, astratto. Non si direbbe che a

1. **glabra**: senza peli.
2. **feticcio**: idolo.
3. **talismano**: portafortuna.
4. **artefatto**: oggetto.

contemplarlo se ne possa cavare molto. Eppure, che cosa meglio d'un cerchio vuoto è in grado d'assumere tutti i significati che si vuole attribuirgli? Forse immedesimandosi in esso il gorilla è sul punto di raggiungere al fondo del silenzio le sorgenti da cui scaturisce il linguaggio, di stabilire un flusso di rapporti tra i suoi pensieri e l'irreducibile sorda evidenza dei fatti che determinano la sua vita[5]...

Uscito dallo zoo il signor Palomar non può togliersi dalla mente l'immagine del gorilla albino. Prova a parlarne con chi incontra, ma non riesce a farsi ascoltare da nessuno. La notte, tanto nelle ore d'insonnia quanto nei brevi sogni, continua ad apparirgli lo scimmione. «Come il gorilla ha il suo pneumatico che gli serve da supporto tangibile[6] per un farneticante[7] discorso senza parole, – egli pensa, – così io ho quest'immagine d'uno scimmione bianco. Tutti rigiriamo tra le mani un vecchio copertone vuoto mediante il quale vorremmo raggiungere il senso ultimo a cui le parole non giungono».

(da I. Calvino, *Palomar*, Einaudi, Torino, 1983)

5. **è sul punto ... vita**: forse, contemplando l'oggetto in silenzio, il gorilla riesce a formulare qualcosa di simile a dei pensieri, a tradurre in una sorta di linguaggio mentale il senso degli eventi che caratterizzano la sua vita.
6. **tangibile**: concreto.
7. **farneticante**: delirante.

A1 **In quale luogo Palomar vede il gorilla albino?**
- A in un film
- B durante un safari
- C in uno zoo di Barcellona
- D in uno zoo di Roma

A2 **Qual è la caratteristica che rende unico questo scimmione?**
- A il pelo di colore bianco
- B le enormi dimensioni
- C il carattere pacifico
- D il volto dai tratti umani

A3 **Qual è il colore della sua pelle?**
- A bruno
- B bianco
- C giallognolo
- D roseo

A4 **Quale, fra i seguenti stati d'animo, non si scorge nello sguardo del gorilla?**
- A desolazione
- B pazienza
- C rabbia
- D noia

A5 **Perché l'animale, secondo Palomar, non è soddisfatto del suo aspetto?**
- A Perché non gli piace il colore del suo pelo.
- B Perché il colore del suo pelo gli attira troppe attenzioni non desiderate.
- C Perché il colore del suo pelo non piace alle femmine.
- D Perché, a causa del colore del suo pelo, gli altri gorilla lo tengono in disparte.

A6 **A che cosa assomiglia il recinto all'interno del quale vive «Fiocco di neve»?**
- A a un anfiteatro
- B al cortile di una prigione
- C a un circo
- D a un giardino

A7 **Che cosa significa l'espressione «un'antichità immemoriale» (righe 19-20)?**

A un'epoca ben viva nella memoria
B un'epoca degna di essere ricordata
C un'epoca di cui si è persa la memoria
D un'epoca recente

A8 **Quali sono le uniche due forme che si elevano sulla superficie piatta della casa-gabbia dei gorilla?**

1. ....

2. ....

A9 **Quali sono gli aspetti per cui «Fiocco di neve» presenta qualche vaga somiglianza con un essere umano? (puoi indicare più di una risposta)**

A il volto roseo
B il naso
C le mani
D le rughe attorno agli occhi

A10 **Per quale ragione, secondo Palomar, il gorilla tiene stretto a sé un copertone di pneumatico d'auto?**

A Lo considera un portafortuna.
B Lo considera un idolo.
C Lo considera un giocattolo.
D Lo fa sentire meno solo.

A11 **Quali, fra le seguenti affermazioni, sono false? (puoi indicare più di una risposta)**

A «Fiocco di neve» e la femmina hanno con il copertone un rapporto diverso.
B La femmina vede nel copertone un oggetto simbolico.
C «Fiocco di neve» usa il copertone per giocare.
D La femmina usa il copertone come un comodo sedile.

A12 **In che modo l'uomo riesce a vincere lo «sgomento di vivere» (riga 40)?**

A Cercando di divertirsi.
B Lavorando.
C Stabilendo stretti rapporti con gli oggetti, fino a far assumere loro un valore simbolico.
D Avvicinandosi alla religione.

A13 **Che cosa accade, secondo Palomar, nella mente del gorilla mentre fissa a lungo, in silenzio, il cerchio vuoto del copertone?**

A Nulla, perché non è in grado di pensare.
B Si formano unicamente delle sensazioni istintive.
C Si forma una sorta di pensiero forse in grado di esprimersi con un primitivo linguaggio.
D Si formano pensieri chiari, del tutto simili a quelli dell'uomo.

A14 **Quale figura retorica è presente nell'espressione «discorso senza parole» (riga 54)?**

A ossimoro
B metafora
C ironia
D similitudine

A15 **Qual è il «senso ultimo» di cui parla Palomar nella parte finale del brano (riga 56)?**

A l'utilità dei singoli oggetti
B il senso della vita
C l'esistenza di Dio
D il destino che attende ognuno di noi

QUESITI GRAMMATICALI

B1 **In quale gruppo le parole seguono un ordine alfabetico corretto?**

A puma - primato - peso - pasticcio - psicologo
B pasticcio - peso - primato - puma - psicologo
C pasticcio - peso - puma - primato - psicologo
D pasticcio - peso - primato - psicologo - puma

B2 **Completa le frasi scegliendo opportunamente fra i nomi proposti tra parentesi.**

1. Le ruspe stanno scavando per gettare (i fondamenti / le fondamenta) .... del nuovo palazzo.
2. L'esercito nemico scatenò un furibondo assalto (ai muri / alle mura) .... della città.
3. (I membri / Le membra) .... del consiglio di amministrazione erano presenti al gran completo.
4. Il poeta Omero cantò (i gesti / le gesta) .... di Achille.

B3 **Inserisci nella tabella i numerali sotto riportati.**

a due a due - dozzina - tre mezzi - quarto - mille - doppio

cardinali	....
ordinali	....
frazionari	....
collettivi	....
moltiplicativi	....
distributivi	....

B4 **Completa le frasi con il pronome adatto, scegliendo fra quelli proposti tra parentesi.**

1. Ho cercato quei fumetti, ma non (li / gli) .... ho trovati.
2. Ho incontrato Giacomo e (ci / gli) .... ho parlato di quella faccenda.
3. Dimmi (tu / te) .... che cosa devo fare.
4. Chi (glie lo / glielo) .... dirà?

B5 **Completa le frasi, inserendo il verbo tra parentesi opportunamente coniugato.**

1. Dante (nascere) .... a Firenze nel 1265.
2. Poco fa (incontrare) .... Giulia alla fermata del tram.
3. Ci trasferiremo nel nuovo appartamento solo dopo che l'impresa (terminare) .... i lavori.
4. Gli antichi Persiani (parlare) .... una lingua di origine indoeuropea.

B6 **Nella frase seguente quale funzione logica svolge la parola *ne*?**

Ricordo quella brutta storia, ma non ne voglio più parlare.

A complemento di specificazione
B complemento di moto da luogo
C complemento di causa
D complemento di argomento

B7 **In quale frase è presente una proposizione coordinata alla principale?**

A Se ci fossimo impegnati di più e se avessimo seguito i consigli dell'allenatore, avremmo vinto questa partita.

B Per vincere questa partita avremmo dovuto impegnarci di più e seguire i consigli dell'allenatore.

C Impegnandoci di più e seguendo i consigli dell'allenatore, avremmo potuto vincere questa partita.

D Io credo che per vincere questa partita avremmo dovuto impegnarci di più e seguire i consigli dell'allenatore.

B8 **Individua e sottolinea in ogni gruppo la parola il cui significato comprende anche quello delle altre.**

1. pomodoro - fiore - abete - vegetale - erba
2. coccodrillo - pitone - rettile - lucertola - tartaruga
3. roulotte - camion - autoveicolo - automobile - pullman
4. lavapiatti - elettrodomestico - lucidatrice - aspirapolvere - frigorifero

B9 **In quale tipo di linguaggio è espresso il testo seguente?**

Dai Beppe, datti una mossa, perché il treno mica ci aspetta...

A Informale

B Medio

C Formale

B10 **Leggi quanto dice il dizionario alla voce *grido*, quindi indica se le affermazioni che seguono sono corrette o errate.**

grido

[grì-do] s.m. (pl.f. *grida* se di essere umano, pl.m. *gridi* se di animali, o di persona ma considerati singolarmente)

1 Urlo, strillo: *fare un g.*; *le g. del pubblico*; *g. di rabbia, di dolore* || *contrattazione alle g.*, negoziazione svolta dagli operatori finanziari gridando le proposte di acquisto e vendita, nell'area della borsa valori detta appunto *recinto delle grida*

2 Verso di un animale molto forte e prolungato

3 fig. Fama, notorietà, spec. nella loc. *di g.*, famoso, rinomato: *scrittore, locale di g.* || *all'ultimo g.*, all'ultima moda

4 fig. Invocazione espressa con voce acuta o lamentosa: *il g. degli oppressi*

5 fam. (pl.) Rimproveri, rabbuffi

• dim. gridolino

	V	F
1. È un verbo.	☐	☐
2. Possiede due forme plurali aventi significati diversi.	☐	☐
3. Al singolare possiede un solo significato.	☐	☐
4. Può essere usato in senso figurato.	☐	☐

prova 11 Testo descrittivo

Ritratto di Oblomov

Sulla via Goròchovaia, in uno dei grandi edifici i cui inquilini sarebbero bastati essi soli a popolare tutta una cittadina distrettuale, nel suo appartamento, Ilià Ilìc' Oblomov stava passando la mattinata a letto.

Egli era un uomo di circa trentadue anni, di media statura, di aspetto piacente, con gli occhi di un grigio scuro, ma sui tratti del suo volto non v'era segno di un'idea ben definita né di una qualunque forma di concentrazione mentale. Il pensiero gli passava sul volto come un libero uccello dell'aria, svolazzava negli occhi, si posava sulle labbra socchiuse, si nascondeva tra le rughe della fronte, per sparire poi completamente, e allora su quel volto splendeva soltanto la tranquilla luce dell'indolenza. Dal volto, l'indolenza si comunicava all'atteggiamento di tutta la persona e perfino alle pieghe della vestaglia.

Di tanto in tanto, lo sguardo gli si offuscava in un'espressione come di stanchezza o di noia, ma né la stanchezza né la noia potevano cancellare, non fosse che per un attimo, la dolcezza che era l'espressione abituale e dominante, non soltanto del volto, ma di tutta l'anima; e l'anima splendeva limpida e aperta negli occhi, nel sorriso e in ogni moto del capo e delle mani.

Un osservatore superficiale e freddo, dopo aver dato di sfuggita uno sguardo a Oblomov, avrebbe detto: «Deve essere un gran buon uomo, un semplicione!» Una persona più profonda e più affettuosamente disposta, dopo aver osservato a lungo quel volto, si sarebbe allontanata sovrappensiero, con un sorriso.

La carnagione di Ilià Ilìc' non era rosea né olivastra né decisamente pallida, ma piuttosto incolore, o forse appariva tale perché Oblomov si era fatto fiacco e pesante più di quanto gli anni lo comportassero, per mancanza di movimento e d'aria o, forse, di tutt'e due le cose insieme. In genere, a giudicare dall'opaca, eccessiva bianchezza del collo e delle piccole mani grassocce, dalle spalle morbide, il suo corpo appariva troppo delicato per essere quello di un uomo.

I movimenti di lui, anche quando egli era agitato, erano pur sempre attenuati dalla mollezza e da una sorta di pigrizia non priva di grazia. Se l'animo sospingeva sul volto una nube di preoccupazione, lo sguardo si annebbiava, alcune rughe comparivano sulla fronte, cominciava il carosello del dubbio, della tristezza e dello spavento, ma ben di rado un tale sommovimento si fissava in un'idea ben determinata, e ancor più raramente in una precisa volontà.

Tutta quell'agitazione si risolveva in un sospiro oppure si placava nell'apatia o nella sonnolenza.

Come s'addiceva l'abito di casa di Oblomov ai tratti placidi della sua faccia e al suo corpo delicato! Portava una vestaglia persiana, un vero *chalàt*[1] orientale, senza un minimo segno europeizzante, senza fiocchi, senza velluto, senza riprese alla vita, così ampia che Oblomov vi si poteva avvolgere dentro due volte. Le maniche, secondo l'immutabile moda asiatica, si venivano sempre più allargando dal polso alla spalla. Per quanto quella veste da camera avesse ormai perduta la sua originaria freschezza e, in alcuni punti, la lucentezza naturale fosse stata sostituita dal lucido dell'uso, la vivacità dei colori orientali e la robustezza del tessuto erano ancora intatti.

Quella vestaglia aveva per Oblomov un'infinità di pregi incommensurabili: era morbida, cedevole, il corpo non la sentiva, perché, come uno schiavo obbediente, essa cedeva ad ogni minimo movimento della persona.

Poiché a Oblomov piaceva di sentirsi libero e comodo, in casa non portava mai né la cravatta né il colletto. Le sue pantofole erano morbide, lunghe e larghe; quando egli

1. chalàt: veste da camera.

buttava giù le gambe dal letto, le infilava sempre, subito, tutt'e due al primo colpo, senza guardare.

Lo stare coricato non era per Ilià Ilìc' una necessità come per un ammalato o per un uomo che abbia sonno, né un caso eccezionale come per chi sia stanco e bisognoso di riposo, e neppure un godimento, come per chi sia pigro: era semplicemente il suo stato normale. Quando si trovava in casa (e in casa egli era quasi sempre), si sdraiava in quella stessa stanza in cui lo abbiamo trovato e che gli serviva da camera da letto, da studio e da salotto. Disponeva anche di altre tre stanze, ma non vi entrava quasi mai, se non qualche rara volta al mattino, quando il servitore scopava lo studio, cosa che non accadeva tutti i giorni. I mobili di quelle stanze erano ricoperti di fodere e le tende erano abbassate.

La stanza dove Ilià Ilìc' stava coricato sembrava di primo acchito molto ben arredata. Vi si trovavano uno scrittoio di mogano, due divani ricoperti di seta, un bel paravento con ricami di uccelli e di frutti fantastici inesistenti in natura, tende di seta, tappeti, quadri, bronzi, porcellane e numerosi ninnoli artistici.

Ma lo sguardo esercitato di un uomo di buon gusto vi avrebbe colto a prima vista niente più che il desiderio di raggiungere in qualche modo il *decorum*[2] imposto dalle inevitabili leggi della convenienza, pur di liberarsene una volta per tutte. E naturalmente questo era stato l'unico pensiero di Oblomov quando aveva arredato il suo studio. Un gusto raffinato non si sarebbe sentito soddisfatto di quelle pesanti, sgraziate seggiole di mogano e di quegli scaffali traballanti. Lo schienale di uno dei sofà era sprofondato, l'impiallacciatura del legno in qualche punto si era staccata.

Analoghe caratteristiche presentavano i quadri, i vasi, i ninnoli.

Lo stesso padrone, del resto, guardava l'arredo del proprio studio con un'aria così fredda e distratta, come se volesse chiedere con lo sguardo chi mai avesse portato e ammucchiato lì dentro tutte quelle cose. Quell'atteggiamento così indifferente di Oblomov verso gli oggetti di sua proprietà e quello ancor più indifferente del suo servitore Zachàr facevano sì che, ad un esame più attento, l'aspetto di quello studio colpisse per l'abbandono e la trascuratezza che vi regnavano.

(da I. Gonĉarov, *Oblomov*, Rizzoli, Milano, 2000)

2. decorum: decoro.

A1 **Riscrivi l'espressione usata dal narratore per indicare approssimativamente il numero di abitanti che popolano il palazzo in cui vive Oblomov.**

....

....

A2 **Compila una sorta di carta d'identità del personaggio di Oblomov.**

età	....
statura	....
aspetto	....
occhi	....

A3 **Che cosa rivelano i tratti del volto di Oblomov?**

- [A] una forte volontà
- [B] un carattere collerico
- [C] una grande intelligenza
- [D] una tranquilla indolenza

A4 **Nel passo seguente è presente un'iperbole, ossia una figura retorica che consiste nell'esagerazione di un concetto. Individuala e sottolineala.**

Il pensiero gli passava sul volto come un libero uccello dell'aria, svolazzava negli occhi, si posava sulle labbra socchiuse, si nascondeva tra le rughe della fronte, per sparire poi completamente, e allora su quel volto splendeva soltanto la tranquilla luce dell'indolenza. Dal volto, l'indolenza si comunicava all'atteggiamento di tutta la persona e perfino alle pieghe della vestaglia.

A5 **Individua e riporta il passo in cui sono descritti i particolari del volto che inducono a giudicare Oblomov, a un esame distratto, «un gran buon uomo, un semplicione».**

....

....

....

A6 **Nel testo è scritto: «Una persona più profonda e più affettuosamente disposta, dopo aver osservato a lungo quel volto, si sarebbe allontanata sovrappensiero, con un sorriso» (righe 17-19). Come interpreti il significato di quel sorriso?**

- A L'osservatore ha capito che Oblomov è una brava persona.
- B L'osservatore ha capito che, dietro quell'aria tranquilla, si nasconde un uomo violento.
- C L'osservatore ha capito che la luce del volto di Oblomov è dovuta non alla bontà d'animo ma alla mancanza di volontà.
- D L'osservatore ritiene che Oblomov finga soltanto di essere una persona tranquilla.

A7 **Quale dei seguenti aggettivi definisce correttamente il colorito della pelle di Oblomov?**

- A rosea
- B olivastra
- C pallida
- D incolore

A8 **Quali aspetti del corpo del protagonista lo rendono troppo delicato per essere quello di un uomo?**

....

....

A9 **Quale, tra le seguenti affermazioni, corrisponde a verità?**

- A Oblomov non prova mai preoccupazione.
- B Oblomov prova preoccupazione, a tratti, ma il suo volto non ne mostra i segni.
- C Oblomov affronta con energia i problemi che suscitano in lui qualche preoccupazione.
- D Oblomov lascia che le sue preoccupazioni svaniscano in un sospiro o in una sorta di sonnolenza.

A10 **Che cosa significa letteralmente la parola sottolineata nel passo qui riportato?**

Quella vestaglia aveva per Oblomov un'infinità di pregi <u>incommensurabili</u>.

- A tanto grandi da non poter essere misurati
- B che non possono essere definiti
- C di natura particolare
- D di poco conto

A11 **Quali, fra le seguenti caratteristiche, possono essere attribuite sia alla vestaglia del protagonista sia alle sue pantofole? (puoi indicare più di una risposta)**

- A eleganza
- B morbidezza
- C ampiezza
- D raffinatezza

A12 **Quale, fra le seguenti affermazioni, è corretta?**

[A] Oblomov si mette a letto quando è stanco.
[B] Oblomov si mette a letto quando è malato.
[C] Oblomov si mette a letto perché è pigro.
[D] Oblomov si mette a letto perché questo è il suo stato normale.

A13 **Quale criterio è stato seguito dal protagonista nell'arredare la sua casa?**

[A] la ricerca dell'eleganza
[B] la casualità
[C] il decoro e la convenienza sociale
[D] l'esibizione del proprio gusto

A14 **Quali aspetti dell'arredamento ne rivelano le imperfezioni e il gusto non elegante?**

....

....

....

....

A15 **La figura fisica di Oblomov e l'arredamento del suo alloggio suggeriscono impressioni diverse a seconda che li si osservi in maniera superficiale oppure approfondita. In che modo uno sguardo attento modifica l'impressione iniziale? Scegli la risposta esatta fra quelle proposte.**

	impressione superficiale	impressione approfondita
figura fisica di Oblomov	(superbia - bontà - indolenza)	(superbia - bontà - indolenza)
arredamento della casa di Oblomov	(eleganza - cattivo gusto - trascuratezza)	(eleganza - cattivo gusto - trascuratezza)

QUESITI GRAMMATICALI

B1 **Quale lettera dell'alfabeto va posta fra la *i* e la *k*?**

[A] la *j*
[B] la *m*
[C] la *y*
[D] la *l*

B2 **In quale frase è presente un errore nell'uso della maiuscola?**

[A] La sede dell'ONU è a New York.
[B] La popolazione Italiana ammonta a circa sessanta milioni di persone.
[C] Alessandro Magno sconfisse ripetutamente il re persiano Dario III.
[D] Marte è noto anche come il Pianeta Rosso.

B3 **Indica quali parole sostituisce il pronome *lo* nelle frasi sotto riportate.**

1. Salutami Mario, quando lo vedrai. ....

2. Mi piace molto questo cd musicale. Me lo presti? ....

3. Se ti occorre del denaro, te lo posso prestare io. ....

B4 **In quale frase il verbo indica un'azione che dura nel tempo?**

[A] Quel bel tipo mi telefona ogni giorno.
[B] Svegliati, dormiglione!
[C] Ho frequentato questa scuola per cinque anni.
[D] Il film è interpretato da attori bravissimi.

B5 **In quale frase la parola *forte* svolge la funzione di avverbio?**
A Ercole era un eroe molto forte.
B Parla forte, altrimenti non ti sento.
C Raggiungiamo il forte che si trova in cima a quella collina.

B6 **In quale frase è presente un complemento di fine?**
A La partita è stata sospesa per la pioggia.
B Quell'uomo ha fatto molto per i suoi figli.
C Colombo navigò verso occidente per raggiungere le Indie.
D Tutto è pronto per la festa.

B7 **Indica la frase in cui è contenuto un predicato nominale.**
A Gianni è venuto a casa con noi.
B Questa camicia è di papà.
C La Terra è il terzo pianeta del sistema solare.
D La notizia è stata diffusa dal telegiornale della sera.

B8 **Leggi la frase seguente, quindi indica se l'azione espressa dal verbo della principale si svolge prima, dopo o contemporaneamente rispetto al verbo della subordinata.**

Quando suonò la campanella, tutti gli allievi erano già entrati in classe.
A prima
B dopo
C contemporaneamente

B9 **Svolgi l'analisi del periodo delle proposizioni che costituiscono il testo seguente.**

Ho parlato con Franco e gli ho detto che approvo ciò che ha deciso.

Ho parlato con Franco: ....

e gli ho detto: ....

che approvo ciò: ....

che ha deciso: ....

B10 **Volgi la frase seguente dal discorso diretto al discorso indiretto.**

La professoressa Fedeli disse a Paola: «Domani ti interrogherò».

....

Alunno/a .... Classe .... Data ....

prova 12

Testo espressivo

Lettere alla mamma

Firenze, 14 novembre 1943
Cara mamma,
spero che ti abbiano mandato la lettera dell'altro giorno. Stamani son finiti gli esercizi[1]. I quali consistono in star zitti per quattro giorni e sentire 16 prediche. Lo stare zitti sottoscriverei a seguitarlo[2] tutto l'anno col vantaggio di non dire sciocchezze ma le prediche per ora mi bastano. Con tutto questo non sono ancora riusciti a levarmi l'allegria anzi mi son divertito a fare passeggiate di decine di chilometri nel più vario paesaggio come sarebbe p. es. 4 colonne un pilastro una curva a angolo retto e poi invece 4 colonne un pilastro[3], ecc.
Un'altra gioia è che io sono sempre il primo a passare per le porte e che 90 chierici sacerdoti e rettori mi danno la precedenza, insomma sono un'autorità. Mi dimenticavo di dire che in liturgia e simili invece di dire: passi prima lei, si dice: passi dopo lei[4]. E questo perché come è noto gli ultimi saranno i primi. Ma se gli ultimi saranno i primi sono a posto perché prima che il caffelatte sia arrivato alla mia tazza (per non dire tinozza) il mio stomaco è già completamente perforato[5].
Per ora ho trovato tutti estremamente carini, forse perché finora non han detto una parola. Ah! Se si potesse star zitti tutta la vita come ci troveremmo tutti carini!?!?! Forse sarebbe la volta che diventeremmo cristiani.
E dopo questo bel proponimento ti saluto e vado a spasso non per grazia di Dio come un cane bastonato dietro una fila di tonache ma a tre a tre per conto proprio, come si seguiterà d'ora in poi per paura del Cardinale di perdere in un colpo solo 15 preti[6].

Barbiana, 17 febbraio 1955
Cara mamma,
la neve ci ha un po' isolati. Sono stato qualche giorno senza poter ricevere né mandare posta. Ma da ieri piove a dirotto e l'ha lavata tutta. Il ciglio superiore della nostra strada è franato in tre punti. Ci vorrà dell'altro lavoro, ma meglio così perché verrà più larga. Non ho mai neanche un colpo di tosse e sto molto bene. I ragazzi di qui mi han portato in regalo una stufetta americana per mettere in scuola. Abbiamo dunque 4 stufe accese e si può circolare in tutta la casa senza prender frescate[7].
Ier l'altro mattina prima dell'alba son andato a Campestri[8] con Catullo, Luciano e un ragazzo di qui per guida. C'è voluto un'ora e mezzo. Ghiaccio, ponticelli di tronco ghiacciati e impraticabili, torrenti in piena, piste di volpi, attacco di cani. Dopo S. Martino è la chiesa più vicina. Per fortuna le occasioni di doverci andare sono rare. Quando penso che c'è un ragazzo di 18 anni che viene a scuola di là (per poi cascare addormentato dopo mezz'ora di scuola) mi viene i bordoni[9]. È un boscaiolo. Ieri è stato tutto il giorno da me per costruirmi una trappola da topi in un tronco di legno. Un oggetto

1. **esercizi**: esercizi spirituali; l'autore, infatti, si trova in seminario e presto diventerà sacerdote.
2. **seguitarlo**: continuarlo.
3. **come sarebbe ... pilastro**: l'espressione, che ha un sapore ironico, significa che l'autore compie sempre lo stesso percorso.
4. **in liturgia ... lei**: la regola stabilisce che a passare per primi siano i seminaristi, seguiti poi dai sacerdoti di diverso grado.
5. **perforato**: dalla fame.
6. **per paura ... 15 preti**: la lettera, scritta durante la Seconda guerra mondiale, si riferisce alla cattura, avvenuta a Roma, di quindici seminaristi a opera dei soldati tedeschi.
7. **frescate**: freddo.
8. **Campestri**: località del Mugello, in Toscana, vicina a Barbiana, il piccolo paese in cui risiede l'autore.
9. **mi viene i bordoni**: mi prende la rabbia.

meraviglioso. L'ho messo in soffitta, ma verrebbe voglia di metterlo in un museo. Nel tempo che lavorava aveva teso dei lacci sulla neve e ci ha procurato anche l'arrosto di uccellini.
In questi giorni pare proprio d'essere in montagna! A me piace tutto enormemente. Quando piove faccio scuola[10] ininterrottamente dalla mattina fino alle 11 di sera. La sera siamo ancora impegnati nella inchiesta sulle ragioni dell'esodo dai monti[11]. I ragazzi ci han messo tutta l'anima. Ogni sera portano ragioni nuove e si eccitano talmente che faccio fatica a seguire tutti e prender gli appunti. Finita la discussione tento di concretarla in due o tre domande precise e i ragazzi rispondono per scritto. Siccome questa è una corda viva del loro cuore vibra altissimo e paiono rinati. Nessuno dorme, nessuno resta indietro, ognuno ha un'opinione personale. Un attimo dopo se si ritorna alla grammatica ci sarebbe da farsi prendere dallo sconforto. Per alcuni è come parlare a dei massi di pietra. Ma quando si son visti vivi in un campo bisogna bene che lo possano diventare anche in tutti gli altri.
Pensi che a Rifredi[12] avrei avuto modo di fare un lavoro più appassionante di questo?
Un abbraccio affettuoso anche alla zia Silvia e Jole dal tuo Lorenzo.

(da L. Milani, *Lettere alla mamma*, a cura di A. Comparetti Milani, Mondadori, Milano, 1973)

10. **faccio scuola**: don Milani, l'autore della lettera, negli anni '50 e '60 diresse una scuola popolare a Barbiana, sull'Appennino toscano, dove forniva un'istruzione di base ai contadini che non potevano frequentare con profitto le scuole pubbliche.
11. **l'esodo dai monti**: l'abbandono delle zone montane da parte degli abitanti.
12. **Rifredi**: località vicino a Firenze.

A1 **Le due lettere sono state scritte in momenti diversi. Quanti anni trascorrono fra l'una e l'altra?**

- [A] poco più di tre anni
- [B] poco più di cinque anni
- [C] poco più di undici anni
- [D] poco più di tredici anni

A2 **Da dove sono scritte le lettere?**

- [A] dalla stessa località
- [B] da due località situate nella stessa regione
- [C] da due località situate in regioni diverse
- [D] da due località situate in nazioni diverse

A3 **In quale luogo si trova l'autore quando scrive la prima lettera?**

- [A] a casa sua
- [B] presso dei parenti
- [C] in campagna
- [D] in seminario

A4 **Che cosa sono gli esercizi di cui parla?**

- [A] esercizi spirituali
- [B] esercizi fisici
- [C] esercizi scolastici
- [D] esperienze di lavoro

A5 **Qual è lo stato d'animo al momento della sua prima lettera?**

- [A] allegro
- [B] annoiato
- [C] triste
- [D] stizzito

A6 **Quale figura retorica è presente nel passo sottolineato (righe 10-11)?**

Un'altra gioia è che io sono sempre il primo a passare per le porte e che 90 chierici sacerdoti e rettori mi danno la precedenza, insomma sono un'autorità.

- [A] similitudine
- [B] metafora
- [C] iperbole
- [D] ironia

A7 **Perché dice di aver trovato tutti «estremamente carini» (riga 16)?**

- [A] Perché durante gli esercizi non è possibile parlare e quindi non possono esserci motivi di discussioni e incomprensioni con gli altri.
- [B] Perché i suoi compagni di corso si sono dimostrati gentili con lui.
- [C] Perché gli insegnanti sono molto comprensivi.
- [D] Perché tutte le persone che lo circondano sono buone e simpatiche.

A8 **Nell'ultimo periodo della prima lettera è presente una similitudine. Individuala e trascrivila nello spazio sottostante.**

....

A9 **In quale stagione è stata scritta la seconda lettera?**

- [A] primavera
- [B] estate
- [C] autunno
- [D] inverno

A10 **Nel passo sotto riportato (righe 27-29) è presente una voce regionale toscana. Indica di quale voce si tratta e spiegane il significato.**

I ragazzi di qui mi han portato in regalo una stufetta americana per mettere in scuola. Abbiamo dunque 4 stufe accese e si può circolare in tutta la casa senza prender frescate.

....

....

A11 **Il breve viaggio fino a Campestri è irto di ostacoli. Quale, fra le seguenti difficoltà, non è presente?**

- [A] attacchi di cani
- [B] ponti ghiacciati
- [C] torrenti in piena
- [D] interruzioni della strada a causa di alberi caduti

A12 **Perché l'autore, a un certo punto, dice che gli vengono «i bordoni» (riga 35), ossia che si sente prendere dalla rabbia?**

- [A] Perché non ritiene giusto che un ragazzo debba fare tanta fatica per andare a scuola.
- [B] Perché il suo allievo, una volta arrivato a scuola, si addormenta.
- [C] Perché le strade non sono tenute in buono stato.
- [D] Perché gli tocca vivere in un ambiente così ostile.

A13 **Individua e trascrivi la frase in cui l'autore esprime il suo gradimento riguardo al luogo in cui risiede.**

....

A14 **Qual è l'argomento che più appassiona gli allievi?**

- [A] la grammatica
- [B] le condizioni meteorologiche
- [C] la storia della loro terra
- [D] l'abbandono delle zone montane

A15 **Quali delle seguenti affermazioni sono false? (puoi indicare più di una risposta)**

[A] In entrambe le lettere prevale un tono ironico.
[B] Nella prima lettera prevale un tono ironico.
[C] Nella seconda lettera prevale un tono serio e non mancano momenti di indignazione.
[D] La seconda lettera ha un tono scherzoso e divertito.

QUESITI GRAMMATICALI

B1 **In ciascuna coppia di parole indica quella scritta in modo corretto.**

1. ☐ areoporto ☐ aeroporto
2. ☐ eccezionale ☐ eccezzionale
3. ☐ birichino ☐ biricchino
4. ☐ soppratutto ☐ soprattutto
5. ☐ ognuno ☐ ogniuno

B2 **In ciascuna coppia di parole indica quella in cui l'accento è collocato correttamente.**

1. ☐ èdile ☐ edìle
2. ☐ salùbre ☐ sàlubre
3. ☐ règime ☐ regìme
4. ☐ rubrìca ☐ rùbrica
5. ☐ baùle ☐ bàule

B3 **Nella frase sotto riportata sono contenuti due nomi astratti. Individuali e trascrivili.**

Nel Medioevo si riteneva che la fedeltà al sovrano fosse uno dei primi doveri di un cavaliere.

1. ....
2. ....

B4 **Completa la tabella declinando l'aggettivo qualificativo *misero* nei gradi richiesti.**

positivo	comparativo di maggioranza	superlativo relativo	superlativo assoluto
misero	....	....	....

B5 **Inserisci nella tabella i seguenti pronomi personali.**

io - me - te - tu - egli - sé - noi - voi

pronomi personali soggetto	pronomi personali complemento	pronomi personali che possono svolgere la funzione di soggetto e di complemento
....	....	....

B6 **Indica se i pronomi sottolineati svolgono la funzione di complemento oggetto o di termine.**

	oggetto	termine
1. Questa mattina non <u>ti</u> ho visto alla fermata del tram.	☐	☐
2. Domani <u>ti</u> porterò quel libro.	☐	☐
3. Basta menzogne, ora <u>mi</u> dirai la verità!	☐	☐
4. Perché <u>mi</u> guardi così?	☐	☐

B7 **Completa la frase coniugando opportunamente i verbi riportati in parentesi.**

Se Annibale (osare) .... attaccare Roma dopo la vittoria di Canne, forse (riuscire) .... a conquistarla.

B8 **Nelle frasi seguenti sottolinea il soggetto.**

1. In quale battaglia Scipione l'Africano sconfisse Annibale?
2. Tutti in piedi ragazzi, sta arrivando il professore.
3. All'orizzonte, al di sopra della catena di monti, si affacciavano nubi minacciose.
4. A Bruno, in occasione del suo compleanno, sono stati fatti molti regali.

B9 **Per ognuno dei nomi sotto riportati individua un sinonimo, scegliendolo fra i termini seguenti.**
strada - passaggio - frutta - mais - rione - pozzo - marmellata - paese - frumento - granturco - strettoia - isolato

1. confettura → ....
2. grano → ....
3. quartiere → ....
4. varco → ....

B10 **Leggi ciò che il dizionario riporta a proposito della parola *tentoni*, quindi rispondi alle domande.**

tentoni [ten-tó-ni] o tentone avv.

1 Tentando con i piedi o con un bastone il terreno o lo spazio davanti a sé; alla cieca: *andare, camminare, procedere t.*
||A tentoni, tentoni: *nel buio camminava a tentoni*
||SIN. tastoni

2 fig. Senza idee chiare o indizi sicuri; a caso: *per risolvere quel problema lo scolaro andava t.*

La parola è tronca, piana o sdrucciola?	....
A quale categoria grammaticale appartiene?	....
Quale possibile sinonimo viene indicato?	....
È possibile usare la parola in senso figurato?	....

prova 13 Testo teatrale

La locandiera

ATTO PRIMO

SCENA I

Sala di Locanda.

Il Marchese di Forlipopoli ed il Conte d'Albafiorita.

Marchese – Fra voi e me vi è qualche differenza[1].
Conte – Sulla locanda tanto vale il vostro denaro, quanto vale il mio.
Marchese – Ma se la locandiera usa a me delle distinzioni, mi si convengono più che a voi.
Conte – Per qual ragione?
Marchese – Io sono il Marchese di Forlipopoli.
Conte – Ed io sono il Conte d'Albafiorita.
Marchese – Sì, Conte! Contea comprata.
Conte – Io ho comprata la contea, quando voi avete venduto il marchesato.
Marchese – Oh basta: son chi sono, e mi si deve portar rispetto.
Conte – Chi ve lo perde il rispetto? Voi siete quello, che con troppa libertà parlando...
Marchese – Io sono in questa locanda, perché amo la locandiera. Tutti lo sanno, e tutti devono rispettare una giovane che piace a me.
Conte – Oh, questa è bella! Voi mi vorreste impedire ch'io amassi Mirandolina? Perché credete ch'io sia in Firenze? Perché credete ch'io sia in questa locanda?
Marchese – Oh bene. Voi non farete niente.
Conte – Io no e voi sì?
Marchese – Io sì e voi no. Io son chi sono. Mirandolina ha bisogno della mia protezione.
Conte – Mirandolina ha bisogno di denari e non di protezione.
Marchese – Denari?... non ne mancano.
Conte – Io spendo uno zecchino[2] il giorno, signor Marchese, e la regalo[3] continuamente.
Marchese – Ed io quel che fo non lo dico.
Conte – Voi non lo dite, ma già si sa.
Marchese – Non si sa tutto.
Conte – Sì, caro signor Marchese, si sa. I camerieri lo dicono. Tre paoletti[4] il giorno.
Marchese – A proposito di camerieri; vi è quel cameriere che ha nome Fabrizio, mi piace poco. Parmi[5] che la locandiera lo guardi assai di buon occhio.
Conte – Può essere che lo voglia sposare. Non sarebbe cosa mal fatta. Sono sei mesi che è morto il di lei padre. Sola una giovane alla testa di una locanda si troverà imbrogliata.

1. **qualche differenza**: il marchese allude al fatto che il suo titolo nobiliare è di livello superiore rispetto a quello del conte; inoltre egli appartiene a una famiglia di antica nobiltà, mentre il conte è di estrazione borghese e ha acquistato il titolo nobiliare da non molto tempo.
2. **zecchino**: moneta d'oro veneziana.
3. **la regalo**: le faccio dei regali.
4. **paoletti**: monete d'argento di minor valore rispetto agli zecchini.
5. **Parmi**: mi pare.

Per me, se si marita, le ho promesso trecento scudi[6].
Marchese – Se si mariterà, io sono il suo protettore, e farò io... E so io quello che farò.
Conte – Venite qui: facciamola da buoni amici. Diamole trecento scudi per uno.
Marchese – Quel ch'io faccio, lo faccio segretamente, e non me ne vanto. Son chi sono. (*Chiama*) Chi è di là?
Conte – (Spiantato! Povero e superbo!)

SCENA II

Fabrizio e detti.

Fabrizio – (*Al Marchese*) Mi comandi, signore.
Marchese – Signore? Chi ti ha insegnato la creanza[7]?
Fabrizio – La perdoni.
Conte – (*A Fabrizio*) Ditemi: come sta la padroncina?
Fabrizio – Sta bene, illustrissimo.
Marchese – È alzata dal letto?
Fabrizio – Illustrissimo sì.
Marchese – Asino.
Fabrizio – Perché, illustrissimo signore?
Marchese – Che cos'è questo illustrissimo?
Fabrizio – È il titolo che ho dato anche a quell'altro Cavaliere.
Marchese – Tra lui e me vi è qualche differenza.
Conte – (*A Fabrizio*) Sentite?
Fabrizio – (*Piano al Conte*) (Dice la verità. Ci è differenza: me ne accorgo nei conti).
Marchese – Di' alla padrona che venga da me, che le ho da parlare.
Fabrizio – Eccellenza sì. Ho fallato questa volta?
Marchese – Va bene. Sono tre mesi che lo sai; ma sei un impertinente.
Fabrizio – Come comanda, Eccellenza.
Conte – Vuoi vedere la differenza che passa fra il Marchese e me?
Marchese – Che vorreste dire?
Conte – Tieni. Ti dono uno zecchino. Fa' che anch'egli te ne doni un altro.
Fabrizio – (*Al Conte*) Grazie, illustrissimo. (*Al Marchese*) Eccellenza...
Marchese – Non getto il mio come i pazzi. Vattene.
Fabrizio – (*Al Conte*) Illustrissimo signore, il cielo la benedica. Eccellenza. (Rifinito[8]. Fuor del suo paese non vogliono esser titoli per farsi stimare, vogliono esser quattrini). (*Parte*).

SCENA III

Il Marchese ed il Conte.

Marchese – Voi credete di soverchiarmi con i regali, ma non farete niente. Il mio grado val più di tutte le vostre monete.
Conte – Io non apprezzo quel che vale, ma quello che si può spendere.
Marchese – Spendete pure a rotta di collo. Mirandolina non fa stima di voi.
Conte – Con tutta la vostra gran nobiltà, credete voi di essere da lei stimato? Vogliono esser denari.
Marchese – Che denari? Vuol esser protezione. Esser buono in un incontro[9] di far un piacere.
Conte – Sì, esser buono in un incontro di prestar cento doppie[10].
Marchese – Farsi portar rispetto bisogna.

6. **scudi**: altre monete d'oro in uso a Venezia.
7. **Chi ... creanza**: il marchese, in considerazione del suo titolo, pretende di essere chiamato *eccellenza*, non *signore*.
8. **Rifinito**: spiantato, senza denaro.
9. **in un incontro**: all'occasione.
10. **doppie**: monete d'oro di valore equivalente a circa due scudi.

Conte – Quando non mancano denari, tutti rispettano.
Marchese – Voi non sapete quel che vi dite.
Conte – L'intendo meglio di voi.

SCENA IV

Il Cavaliere di Ripafratta dalla sua camera, e detti.

Cavaliere – Amici, che cos'è questo romore? Vi è qualche dissensione[11] fra di voi altri?
Conte – Si disputava sopra un bellissimo punto.
Marchese – (*Ironico*) Il Conte disputa meco sul merito della nobiltà.
Conte – Io non levo il merito alla nobiltà: ma sostengo che, per cavarsi dei capricci, vogliono esser denari.
Cavaliere – Veramente, Marchese mio...
Marchese – Orsù, parliamo d'altro.
Cavaliere – Perché siete venuti a simil contesa?
Conte – Per un motivo il più ridicolo della terra.
Marchese – Sì, bravo! Il Conte mette tutto in ridicolo.
Conte – Il signor Marchese ama la nostra locandiera. Io l'amo ancor più di lui. Egli pretende corrispondenza come un tributo alla sua nobiltà. Io la spero come una ricompensa alle mie attenzioni. Pare a voi che la questione non sia ridicola?
Marchese – Bisogna sapere con quanto impegno io la proteggo.
Conte – (*Al Cavaliere*) Egli la protegge, ed io spendo.
Cavaliere – In verità non si può contendere per ragione alcuna che lo meriti meno. Una donna vi altera? Vi scompone? Una donna? Che cosa mai mi convien[12] sentire! Una donna? Io certamente non vi è pericolo che per le donne abbia che dir con nessuno. Non le ho mai amate, non le ho mai stimate, e ho sempre creduto che sia la donna per l'uomo una infermità insopportabile.
Marchese – In quanto a questo poi, Mirandolina ha un merito estraordinario.
Conte – Sin qua il signor Marchese ha ragione. La nostra padroncina della locanda è veramente amabile.
Marchese – Quando l'amo io, potete credere che in lei vi sia qualche cosa di grande.
Cavaliere – In verità mi fate ridere. Che mai può avere di stravagante costei, che non sia comune all'altre donne?
Marchese – Ha un tratto nobile, che incatena.
Conte – È bella, parla bene, veste con pulizia, è di un ottimo gusto.
Cavaliere – Tutte cose che non vagliono[13] un fico. Sono tre giorni ch'io sono in questa locanda, e non mi ha fatto specie veruna[14].
Conte – Guardatela, e forse ci troverete del buono.
Cavaliere – Eh, pazzia! L'ho veduta benissimo. È una donna come l'altre.
Marchese – Non è come l'altre, ha qualche cosa di più. Io che ho praticate le prime dame, non ho trovato una donna che sappia unire, come questa, la gentilezza e il decoro.
Conte – Cospetto di bacco! Io son sempre stato solito trattar donne: ne conosco i difetti ed il loro debole. Pure con costei, non ostante il mio lungo corteggio e le tante spese per essa fatte, non ho potuto toccarle un dito.
Cavaliere – Arte, arte sopraffina. Poveri gonzi! Le credete, eh? A me non la farebbe. Donne? Alla larga tutte quante elle sono.
Conte – Non siete mai stato innamorato?
Cavaliere – Mai, né mai lo sarò. Hanno fatto il diavolo per darmi moglie, né mai l'ho voluta.
Marchese – Ma siete unico della vostra casa; non volete pensare alla successione?
Cavaliere – Ci ho pensato più volte, ma quando considero che per aver figliuoli mi converrebbe soffrire una donna, mi passa subito la volontà.

11. dissensione: contrasto.
12. convien: tocca.
13. vagliono: valgono.
14. specie veruna: nessuna impressione particolare.

Conte – Che volete voi fare delle vostre ricchezze?
Cavaliere – Godermi quel poco che ho con i miei amici.
Marchese – Bravo, Cavaliere, bravo; ci goderemo.
Conte – E alle donne non volete dar nulla?
Cavaliere – Niente affatto. A me non ne mangiano[15] sicuramente.
Conte – Ecco la nostra padrona. Guardatela, se non è adorabile.
Cavaliere – Oh la bella cosa! Per me stimo più di lei quattro volte un bravo cane da caccia.
Marchese – Se non la stimate voi, la stimo io.
Cavaliere – Ve la lascio, se fosse più bella di Venere.

(da C. Goldoni, *Commedie*, Mondadori, Milano, 1959)

15. non ne mangiano: non scroccano denaro.

A1 **In che cosa consiste la differenza che, secondo il marchese, esiste fra lui e il conte?**

A Il marchese si ritiene più ricco.
B Il marchese si ritiene più nobile.
C Il marchese si ritiene più bello.
D Il marchese si ritiene più colto.

A2 **In che modo il conte ha ottenuto il suo titolo nobiliare?**

A Gli è stato conferito per i suoi meriti politici.
B Gli è stato conferito per i suoi meriti culturali.
C Gli è stato conferito per i suoi meriti militari.
D Lo ha acquistato.

A3 **Indica quali affermazioni, fra quelle elencate qui di seguito, sono corrette (puoi scegliere più di una risposta).**

A Il marchese pensa di conquistare la locandiera offrendole la sua protezione.
B Il marchese pensa di conquistare la locandiera con il suo denaro.
C Il conte pensa di conquistare la locandiera offrendole la sua protezione.
D Il conte pensa di conquistare la locandiera con il suo denaro.

A4 **In quale città è ambientata la commedia?**

A a Venezia
B a Milano
C a Firenze
D a Roma

A5 **Quale, fra le seguenti monete, non viene nominata nel testo?**

A scudi
B zecchini
C paoletti
D fiorini

A6 **Perché il marchese non rivela quanto spende giornalmente nella locanda?**

A Per modestia.
B Perché si vergogna.
C Perché non gli piace mettere in piazza i suoi affari.
D Perché non vuole si sappia che la locandiera gli ha fatto un forte sconto.

A7 **Per quale motivo il conte elargisce una lauta mancia al cameriere?**

A Perché è una persona generosa.
B Perché apprezza particolarmente il servizio del cameriere.
C Perché vuole umiliare il marchese, che non può fare altrettanto.
D Per far colpo sul cameriere.

A8 **Chiamato a giudicare se nelle questioni d'amore valga di più la nobiltà o il denaro, che cosa risponde il cavaliere?**

- [A] Che vale di più la nobiltà.
- [B] Che vale di più il denaro.
- [C] Che occorrono sia la nobiltà sia il denaro.
- [D] Che la questione è priva di senso, perché a lui non importa nulla delle donne.

A9 **Quale dei seguenti aggettivi non viene mai usato dal conte per elogiare la locandiera?**

- [A] intelligente
- [B] amabile
- [C] adorabile
- [D] bella

A10 **Che cosa intende dire il cavaliere quando, riferendosi al comportamento della locandiera, esclama: «Arte, arte sopraffina» (riga 114)?**

- [A] Che la locandiera finge di essere umile e onesta per accalappiare i suoi spasimanti.
- [B] Che la locandiera è una persona volgare, priva di eleganza.
- [C] Che la locandiera recita la parte dell'innamorata senza esserlo.
- [D] Che la locandiera si innamora di tutti gli uomini.

A11 **Che cosa intende dire il cavaliere affermando: «A me non la farebbe» (riga 114)?**

- [A] Che non prova nulla per la locandiera.
- [B] Che esclude di potersi innamorare in futuro della locandiera.
- [C] Che non si lascerebbe mai ingannare dalle false grazie della locandiera.
- [D] Che la locandiera non oserebbe tentare di farlo innamorare.

A12 **Che intende fare il cavaliere delle sue ricchezze?**

- [A] Costruirsi un grande palazzo.
- [B] Fare lunghi viaggi.
- [C] Vestirsi con eleganza.
- [D] Divertirsi insieme ai suoi amici.

A13 **Quale dei seguenti aggettivi si addice al marchese?**

- [A] modesto
- [B] generoso
- [C] superbo
- [D] sentimentale

A14 **Che cosa prova il conte nei confronti della locandiera?**

- [A] avversione
- [B] amicizia
- [C] passione romantica
- [D] attrazione sensuale

A15 **Quale elemento, nel testo che hai letto, segna il passaggio da una scena all'altra?**

- [A] Il fatto che l'azione si svolge in ambienti diversi.
- [B] Il fatto che ogni scena, rispetto a quella precedente, ha un personaggio in più o in meno.
- [C] Il fatto che si parla di argomenti diversi.
- [D] Il fatto che le azioni che vi si svolgono sono piuttosto lontane tra loro nel tempo.

QUESITI GRAMMATICALI

B1 **In quale caso l'articolo determinativo è usato in maniera errata?**

- [A] la signora Pina
- [B] il Gianni
- [C] i Medici
- [D] il piccolo Giacomo

B2 **Quale, fra le parole seguenti, contiene un trittongo, cioè un gruppo di tre vocali che si pronunciano con un'unica emissione di voce?**

A eolico
B aiuola
C impiegato
D aeroporto

B3 **In quali frasi vi è un errore nell'uso del pronome personale? (puoi indicare più di una risposta)**

A Quando vedrò Rita, le restituirò il cd che mi ha prestato.
B Quando vedrò Rita, gli restituirò il cd che mi ha prestato.
C Quando vedrò Franco, gli restituirò il cd che mi ha prestato.
D Quando vedrò Franco, le restituirò il cd che mi ha prestato.

B4 **Colloca opportunamente nella tabella i nomi seguenti.**

pepe - corno - lenzuolo - colera - origano - grido - muro - idrogeno - osso - coraggio

nomi che hanno due forme al plurale	....
nomi che non hanno il plurale	....

B5 **Indica coniugazione, modo, tempo e persona dei seguenti verbi.**

verbo	coniugazione	modo	tempo	persona
impedirono	....	....	....	....
avrebbe donato	....	....	....	....
seguente	....	....	....	....
che tu ridessi	....	....	....	....

B6 **Quale funzione svolge la congiunzione sottolineata nella frase seguente?**

Giocherai in porta <u>oppure</u> te ne starai in panchina.

A Collega due parole.
B Introduce un'alternativa.
C Introduce un'opposizione.
D Introduce una spiegazione collegata a un'affermazione precedente.

B7 **Nel testo sotto riportato sono presenti tre locuzioni avverbiali di tempo. Sottolineale.**

C'era una volta una dolce bimbetta; solo a vederla le volevan tutti bene, e specialmente la nonna che non sapeva più che cosa regalarle. Una volta le regalò un cappuccetto di velluto rosso, e poiché le donava tanto, ed ella non voleva portare altro, la chiamarono sempre Cappuccetto Rosso. Un giorno sua madre le disse: «Vieni, Cappuccetto Rosso, eccoti un pezzo di focaccia e una bottiglia di vino, portali alla nonna; è debole e malata e si ristorerà».

B8 **Che funzione logica svolgono le parole sottolineate?**

Ho comprato una bellissima bicicletta <u>da corsa</u>.

A attributo del complemento oggetto
B complemento di moto da luogo
C complemento di qualità
D complemento di fine

B9 **Individua e sottolinea la proposizione subordinata consecutiva contenuta nel periodo seguente.**
In mezzo al mare l'acqua è azzurra come i petali dei più bei fiordalisi e trasparente come il cristallo più puro; ma è molto profonda, così profonda che un'anfora non potrebbe raggiungere il fondo; bisognerebbe mettere molti campanili, uno sull'altro, per arrivare dal fondo fino alla superficie.

B10 **Inserisci nella tabella le parole che fanno parte della famiglia della parola-base *casa.***
caserma - caos - casetta - rincasare - casuale - casalingo - casupola - accusa - caso - casella - caseificio

famiglia di parole della parola-base casa
....
....

Alunno/a .... Classe .... Data ....

prova 14 Testo poetico

L'ore non passavan mai

Ero un fanciullo, andavo a scuola, e un giorno
dissi a me stesso: «Non ci voglio andare»
e non andai. Mi misi a passeggiare
solo soletto fino a mezzogiorno.

E così spesso. A scuola non andai
che qualche volta da quel triste giorno.
Io passeggiavo fino a mezzogiorno
e l'ore... l'ore non passavan mai!

Il rimorso tenea[1] tutto il mio cuore
in quella triste libertà perduto[2];
e l'ansia mi prendea d'esser veduto
dal signor Monti, dal signor dottore!

Pensavo alla mia classe, al posto vuoto,
al registro, all'appello (oh, il nome, il nome
mio nel silenzio!) e mi sentivo come
proteso sull'abisso dell'ignoto[3]...

In fine io mi spingea fino ai giardini
od ai viali fuori di città;
e mi chiedevo: adesso, chi sarà
interrogato, Poggi o Poggiolini?

E fra me ripetevo qualche brano
di storia (Berengario... Carlo Magno...
Rosmunda[4]...), ed era la mia voce un lagno[5]
ritmico, un suono quasi non umano...

E quante quante volte domandai
l'ora a un passante frettoloso; ed era[6]
nella richiesta mia tanta preghiera!...
Ma l'ore... l'ore non passavan mai!

(in M. Moretti, *Poesie scritte col lapis*, Ricciardi, Napoli, 1910)

1. **tenea**: riempiva.
2. **perduto**: smarrito.
3. **come ... ignoto**: come se il futuro che lo attende (l'ignoto) fosse simile a un abisso in cui potrebbe facilmente precipitare.
4. **Berengario ... Rosmunda**: personaggi della storia medievale.
5. **lagno**: lamento.
6. **era**: c'era.

A1 Di quante strofe è composta la poesia?

....

A2 **Di che tipo sono i versi che la compongono?**
A ottonari
B novenari
C decasillabi
D endecasillabi

A3 **Qual è lo schema delle rime?**
A rima baciata: AABB
B rima alternata: ABAB
C rima incrociata: ABBA
D rime libere

A4 **In quali strofe vi sono dei versi che terminano con una parola tronca?**
A prima, terza, quinta
B prima, seconda, settima
C seconda, quinta e sesta
D seconda, quinta e settima

A5 **Quali versi si ripetono uguali, salvo la congiunzione iniziale?**
A 1-6
B 4-7
C 14-15
D 8-28

A6 **Nella quarta strofa si ripete in due versi successivi – secondo e terzo – una stessa figura stilistica che consiste nello spezzare con l'"a capo" due parole che sono strettamente legate fra loro. Di quale figura si tratta?**
A anafora
B enjambement
C chiasmo
D inversione sintattica

A7 **Quale figura retorica è contenuta nel seguente passo: «mi sentivo come / proteso sull'abisso dell'ignoto» (versi 15-16)?**
A similitudine
B eufemismo
C ossimoro
D ironia

A8 **L'autore afferma, nella prima strofa, di aver sentito il desiderio di non andare a scuola quel giorno. Il testo spiega il motivo di tale decisione?**
Sì ☐
No ☐

A9 **Dopo il giorno in cui decide di non recarsi a scuola, che cosa accade?**
A L'autore non si reca più a scuola.
B L'autore si reca a scuola tutti i giorni.
C L'autore si reca a scuola poche volte.
D L'autore si reca a scuola spesso, anche se non tutti i giorni.

A10 **Qual è lo stato d'animo che l'autore della poesia prova durante le mattinate in cui marina la scuola?**
A Si sente libero.
B È disperato.
C È triste e annoiato.
D È sereno.

A11 **Quale sentimento prevale in lui?**

- A rabbia
- B paura
- C felicità
- D rimorso

A12 **A che cosa pensa durante le ore che trascorre fuori dalla scuola?**

- A A ciò che accade in classe.
- B A ciò che accade a casa.
- C Alla possibile bocciatura.
- D Alle giustificazioni che dovrà trovare al rientro a scuola.

A13 **Perché l'autore, nel domandare l'ora a un passante, scrive che nella sua richiesta c'era «tanta preghiera» (verso 27)?**

....

A14 **Quale, fra le seguenti affermazioni, è corretta?**

- A Questa lirica contiene prevalentemente la narrazione di fatti.
- B Questa lirica contiene prevalentemente la descrizione di ambienti.
- C Questa lirica contiene prevalentemente l'espressione di sentimenti e stati d'animo.
- D Questa lirica contiene prevalentemente notizie e informazioni.

A15 **Chi è il personaggio di cui si parla in questa poesia?**

- A l'autore stesso
- B un compagno di classe dell'autore
- C un amico dell'autore
- D un personaggio immaginario

QUESITI GRAMMATICALI

B1 **Inserisci nella tabella le parole seguenti.**

menù - tavolo - zebra - penisola - litigano - pareggio - sottovalutò - tram - prestamelo - umido

parole piane	....
parole tronche	....
parole sdrucciole	....
parole bisdrucciole	....

B2 **Indica il numero di sillabe che costituiscono le parole sotto riportate.**

1. pianura: ....

2. incomprensibile: ....

3. turista: ....

4. leone: ....

5. guarigione: ....

B3 **Quale segno grafico viene utilizzato per avvertire il lettore che una parte del testo è stata tagliata?**

- A (...)
- B "..."
- C – ... –
- D [...]

B4 **Quale delle seguenti parole composte è formata da un verbo + un nome?**

A saliscendi
B pescecane
C mancorrente
D lavastoviglie

B5 **Quale dei seguenti aggettivi indefiniti ha lo stesso significato dell'aggettivo *qualunque*?**

A qualche
B ogni
C qualsivoglia
D tutto

B6 **Completa la frase con una congiunzione adatta.**

Ti ho già restituito il denaro che mi hai prestato, ... non ti devo niente.

B7 **In quale frase la parola *utile* svolge la funzione di nome del predicato?**

A Il tuo aiuto ci è stato utile.
B Ho cercato di unire l'utile al dilettevole.
C Il dizionario è un utile strumento di lavoro per chi scrive.
D L'utile lordo è il profitto che non tiene conto delle spese.

B8 **Quando si utilizza il singolare in luogo del plurale si fa ricorso alla figura retorica della sineddoche. In quale delle seguenti frasi ritrovi questa figura?**

A Il mio vicino di casa è una persona molto simpatica.
B L'italiano è simpatico e socievole.
C Il professor Carelli insegna matematica.
D Il ciclismo è uno sport molto faticoso.

B9 **Leggi quanto riporta il dizionario a proposito del verbo *vigere*, quindi stabilisci se le affermazioni seguenti sono vere o false.**

vigere [vì-ge-re]
(dif., usato solo alla 3ª pers. sing. e pl. *vìge, vìgono; vigéva, vigévano; vigé, vigérono; vigerà, vigerànno; vìga, vìgano; vigésse, vigéssero; vigerèbbe, vigerèbbero; vigéndo; vigènte*) v. intr.

1 Essere in vigore, spec. riferito a leggi, regolamenti e sim.: *una legge che vige immutata da oltre un secolo; un principio che vige tuttora nel campo dell'economia*

	V	F
La parola *vigere* è sdrucciola.	☐	☐
Il verbo *vigere* non possiede il participio passato.	☐	☐
Il verbo *vigere* può essere usato solo alla seconda persona singolare.	☐	☐
Il verbo *vigere* è intransitivo.	☐	☐

B10 **Quale funzione comunicativa svolge la frase seguente?**

Ciao Mario, sono Roberto.

A Comunica una notizia.
B Esprime un sentimento.
C Stabilisce un contatto, una comunicazione.
D Impartisce un ordine.

Alunno/a .... Classe .... Data ....

prova **15**

Testo conativo

Il gioco dell'oca

All'inizio, si distribuisce un certo numero di gettoni a ogni giocatore. Un giocatore terrà e amministrerà il «**piatto**», cioè incasserà tutti i gettoni delle multe, ecc.
All'inizio ogni giocatore prende un'Oca di plastica, che diventa il suo segnalino. Al suo turno, ogni giocatore tira i dadi e avanza di tante caselle quante indicate dai dadi.
Chi, *al primo tiro,* fa 5 e 4 avanza direttamente fino alla casella n. 26.
Chi invece, sempre *al primo tiro*, fa 6 e 3 avanza direttamente fino alla casella n. 53.
Alla casella n. 6 c'è il PONTE. Il giocatore che arriva in questa casella dovrà pagare una multa di 5 gettoni. Se desidera pagare una doppia multa (cioè 10 gettoni), potrà avanzare fino alla casella n. 12.
Alla casella n. 19 c'è l'ALBERGO. Il giocatore che arriva in questa casella dovrà pagare una multa di 10 gettoni e dovrà riposarsi, cioè non giocare per un giro.
Alla casella n. 31 c'è il POZZO. Il giocatore che arriva in questa casella dovrà pagare una multa di 15 gettoni e restare fermo su questa casella fino a quando un altro giocatore lo raggiungerà.
Alla casella n. 42 c'è il LABIRINTO. Il giocatore che arriva in questa casella dovrà pagare una multa di 5 gettoni e ritornare indietro alla casella n. 37.
Alla casella n. 52 c'è la PRIGIONE. Il giocatore che arriva in questa casella dovrà pagare una multa di 10 gettoni e restare fermo su questa casella fino a quando un altro giocatore lo raggiungerà.
Alla casella n. 58 c'è la MORTE dell'OCA. Il giocatore che arriva in questa casella dovrà pagare una multa di 5 gettoni e ritornare alla partenza (cioè alla casella n. 1).
Il giocatore che riesce ad arrivare col suo segnalino su una casella dove è raffigurata un'Oca, avrà il diritto di raddoppiare i punti fatti con i dadi (cioè, se avrà fatto 6 potrà avanzare di 12 caselle, e così via).
Quando un giocatore arriva su una casella già occupata da un altro giocatore, dovrà tornare indietro alla casella da cui era partito.
Il primo giocatore che arriva alla casella n. 63 guadagna tutti i gettoni del piatto e vince la partita. Per arrivare alla casella n. 63, occorre tirare con i dadi il numero esatto necessario. Se il numero indicato dai dadi è superiore e si oltrepassa la casella n. 63, il giocatore dovrà indietreggiare di un numero di caselle uguale all'eccedenza tirata con i dadi. Esempio: un giocatore si trova alla casella n. 60 e tira 5: dovrà indietreggiare alla casella n. 61. Se indietreggiando il giocatore arriva su una casella dove è raffigurata un'Oca, dovrà indietreggiare un'altra volta dello stesso numero di caselle.

(Editrice Giochi, Milano)

A1 **Quante persone possono partecipare al gioco?**

A due
B tre
C quattro
D non è specificato

A2 **Quanti gettoni vengono dati a ciascun giocatore?**

A venti
B trenta
C cinquanta
D un numero imprecisato

A3 **Da che cosa è costituito il «piatto»?**
- A dai gettoni che vengono pagati per le multe
- B dai denari che vengono pagati per le multe
- C dai denari che i giocatori scommettono sulla vittoria
- D dal denaro che ogni giocatore deposita all'inizio del gioco

A4 **Quale combinazione dei dadi consente al giocatore, al primo tiro, di andare direttamente alla casella 26?**
- A 6 e 3
- B 5 e 4
- C 6 e 5
- D 6 e 6

A5 **Qual è la casella in cui occorre pagare la multa più forte?**
- A il Ponte
- B l'Albergo
- C il Pozzo
- D il Labirinto

A6 **In quali caselle il giocatore deve rimanere necessariamente fermo per almeno un turno? (puoi indicare più di una risposta)**
- A l'Albergo
- B il Pozzo
- C il Labirinto
- D la Prigione

A7 **Quali delle seguenti caselle costringono il giocatore ad aspettare fino a quando non è raggiunto da un altro giocatore? (puoi indicare più di una risposta)**
- A il Ponte
- B l'Albergo
- C il Pozzo
- D la Prigione

A8 **Quali, fra le seguenti caselle, costringono il giocatore a ritornare indietro? (puoi indicare più di una risposta)**
- A il Pozzo
- B il Labirinto
- C la Prigione
- D la Morte dell'Oca

A9 **Quando si ha diritto a raddoppiare i punti fatti con i dadi?**
- A Quando con i dadi si fa un punteggio di nove.
- B Quando con i dadi si fa un punteggio di dodici.
- C Quando i dadi danno due numeri uguali.
- D Quando si capita in una casella contrassegnata dalla figura dell'Oca.

A10 **Che cos'hanno in comune le caselle dell'Albergo, del Pozzo, del Labirinto e della Prigione?**
- A Costringono il giocatore a tornare indietro.
- B Costringono il giocatore a fermarsi per uno o più turni.
- C Costringono il giocatore a pagare una multa di dieci gettoni.
- D Impongono al giocatore due diverse forme di penalizzazione.

A11 **In quale caso il giocatore è costretto a ritornare sulla casella da cui è partito?**
- A Quando capita in una casella occupata da un altro giocatore.
- B Quando capita nella casella del Labirinto.
- C Quando capita nella casella della Morte dell'Oca.
- D Quando capita nella casella del Ponte.

A12 **Quali delle seguenti affermazioni sono corrette? (puoi indicare più di una risposta)**
[A] Vince chi per primo supera il numero 63.
[B] Vince chi per primo giunge esattamente sul numero 63.
[C] Chi supera il numero 63 ritorna alla casella da cui è partito.
[D] Chi supera il numero 63 torna indietro di un numero di caselle uguale all'eccedenza tirata con i dadi.

A13 **Dove andrà il giocatore che si trova alla casella n. 60, se tira 5?**
[A] alla casella 62
[B] alla casella 61
[C] alla casella 60
[D] alla casella 59

A14 **Che cosa capita al giocatore che, indietreggiando, finisce sulla casella dell'Oca?**
[A] Rimane sulla casella dell'Oca.
[B] Ritorna alla casella da cui è partito.
[C] Perde un turno di gioco.
[D] Indietreggia ancora di un numero di caselle uguale ai punti che ha fatto.

A15 **Qual è la funzione del testo che hai letto?**
[A] Descrivere delle situazioni.
[B] Raccontare dei fatti.
[C] Esprimere sentimenti o stati d'animo.
[D] Dettare delle regole.

QUESITI GRAMMATICALI

B1 **Nella parola "caos" le vocali *a* e *o* si pronunciano insieme o separatamente?**
[A] insieme
[B] separatamente

B2 **Completa le frasi inserendo opportunamente le parole *di, dì, di'*.**

1. La rotazione della Terra provoca l'alternarsi del .... e della notte.
2. .... la verità, sei stato tu a rompere il vaso.
3. Paolo è un mio compagno .... scuola.

B3 **Sottolinea le parole scritte in maniera errata (una per ogni gruppo).**

1. cielo - celeste - socetà - sufficiente
2. Siviglia - Marsilia - Attilio - Guglielmo
3. scenza - coscienza - scena - pesce
4. campagna - ingegnere - regno - ogniuno
5. famiglia - maglia - aglievo - bersaglio

B4 **In quale frase è contenuto un articolo partitivo?**
[A] Oggi c'è sciopero dei mezzi pubblici, perciò per andare in ufficio prenderò un taxi.
[B] Ho delle novità importanti da rivelarti.
[C] Gli studiosi dicono che il livello delle acque degli oceani sta salendo.
[D] Purtroppo siamo quasi giunti alla fine delle vacanze estive.

B5 **Nella parola *extraterrestre*, quale significato ha il prefisso *extra*?**
[A] sopra
[B] alto
[C] vicino
[D] fuori

B6 **Quale dei seguenti aggettivi indefiniti può svolgere anche la funzione di pronome?**

[A] qualche
[B] tutto
[C] ogni
[D] qualsiasi

B7 **Quale funzione logica svolge la parola sottolineata nella frase seguente?**

Per favore, Gianni, porta questa busta al signor Benelli.

[A] complemento di termine
[B] attributo del complemento di termine
[C] apposizione del complemento di termine
[D] soggetto

B8 **Individua e trascrivi la proposizione principale del periodo seguente.**

Se troverò il tempo per venire a casa tua, ti porterò quel cd che mi hai chiesto.

....

B9 **Quale figura retorica è contenuta nella frase seguente?**

Quella donna è una perla.

[A] similitudine
[B] metafora
[C] ossimoro
[D] ironia

B10 **Indica l'emittente, il destinatario, il codice e il canale del seguente messaggio.**

Ciao Dino, sono Carlo. Ti telefono per dirti che questa sera non potrò venire con te al cinema.

Emittente: ....

Destinatario: ....

Codice: ....

Canale: ....

Alunno/a .... Classe .... Data ....

prova **16**

Testo misto

La televisione e Internet

La televisione fa bene o male?

La televisione ha garantito una diffusione capillare dell'informazione e per questo è stata certamente uno strumento democratico che ha permesso a un vasto pubblico di acquisire conoscenze (anche l'unificazione linguistica dell'Italia fu dovuta soprattutto alla televisione!). Ma proprio per la sua capacità di grande impatto con il pubblico, la TV ha sollevato interrogativi sulle conseguenze negative che possono avere alcune trasmissioni e sul pericolo che la forza persuasiva della TV può rappresentare per la democrazia.

Oggi il dibattito si è spostato sull'altro grande mezzo comunicazione, Internet, la rete telematica che sta acquisendo un impatto pubblico ancora maggiore. In Internet, però, l'utente può agire direttamente, può dare informazioni e creare un suo canale di comunicazione: rappresenta dunque il massimo del pluralismo. Secondo alcuni studiosi Internet contiene in sé la democrazia, è il più grande spazio pubblico che l'umanità abbia conosciuto, un'*agorà*[1] mondiale dove tutti possono prendere la parola, acquisire conoscenze, produrre idee, esercitare il diritto di critica. La potenza di Internet è proprio nella sua libertà, nella mancanza di una gerarchia e di un'unica proprietà. Nella Rete tutti i cittadini sono proprietari alla pari. Certamente anche «l'era digitale ha i suoi peccati» sottolinea Stefano Rodotà, studioso esperto dei rapporti fra etica e diritto: «sette, secondo la tradizione, così enumerati: 1) diseguaglianza; 2) sfruttamento commerciale e abusi informativi; 3) rischi per la *privacy*; 4) disintegrazione delle comunità; 5) plebisciti istantanei e dissoluzione della democrazia; 6) tirannia di chi controlla gli accessi; 7) perdita del valore del servizio pubblico e della responsabilità sociale».

Una giornata di violenza in TV

	scene	percentuale
Aggressioni gravi	389	21
Sparatorie	362	20
Pugni isolati	273	15
Scazzottate	272	15
Minacce a mano armata	226	12
Schiaffi	128	7
Danni alle cose	95	5
Aggressioni semplici	73	4
Altri generi	28	1
TOTALE	1846	100

(da M. Palazzo, M. Bergese, A. Rossi, *Storia magazine*, vol. 3 A, Editrice La Scuola, Brescia, 2009)

1. ***agorà***: la piazza principale delle antiche città greche, dove si tenevano le pubbliche adunanze.

A1 **Che cosa significa l'espressione «una diffusione capillare» (riga 1)?**
- [A] una diffusione modesta
- [B] una diffusione limitata ad alcuni settori
- [C] una diffusione di breve durata
- [D] una diffusione vasta e profonda

A2 **Perché la televisione è uno strumento democratico?**
- [A] Perché fa divertire tutti.
- [B] Perché costa poco.
- [C] Perché si rivolge a persone di tutte le età.
- [D] Perché diffonde le informazioni presso un vasto pubblico.

A3 **Perché la televisione può costituire, al tempo stesso, un pericolo per la democrazia?**
- [A] Perché può influenzare i telespettatori.
- [B] Perché li abitua a seguire modelli autoritari.
- [C] Perché non consente il dialogo con i telespettatori.
- [D] Perché esalta i dittatori.

A4 **Qual è la differenza principale fra la televisione e Internet?**
- [A] La televisione è più divertente.
- [B] La televisione è uno strumento meno costoso.
- [C] Internet offre una minore quantità di informazione.
- [D] L'utente di Internet può partecipare personalmente all'attività comunicativa.

A5 **Che cosa si intende per *pluralismo*?**
- [A] Sistema politico e sociale che favorisce la libertà di espressione di tutti i suoi membri.
- [B] La formazione del plurale di nomi, articoli, aggettivi e pronomi.
- [C] Un gruppo numeroso di persone.
- [D] Un sistema politico in cui il potere è detenuto da un elevato numero di persone.

A6 **Quali, tra le seguenti affermazioni, sono false? (puoi indicare più di una risposta)**
- [A] Internet garantisce una maggiore partecipazione degli utenti, rispetto alla TV.
- [B] Internet ha una scarsa diffusione mondiale.
- [C] Internet non ha un'unica proprietà.
- [D] Internet non consente il diritto di critica.

A7 **Tra i difetti di Internet, secondo Rodotà, vi sono i possibili «abusi informativi» (riga 19). Che cosa si intende con questa espressione?**
- [A] Il fatto che le informazioni immesse in rete sono sottoposte a eccessivi controlli.
- [B] Il fatto che qualche utente immette in rete troppe informazioni.
- [C] Il fatto che nessuno può controllare le informazioni che si immettono in rete.
- [D] Il fatto che le informazioni immesse in rete sono quasi sempre false.

A8 **Che cosa significa la parola inglese *privacy*?**
- [A] privazione
- [B] abbondanza
- [C] libertà
- [D] intimità

A9 **Sempre secondo Rodotà, Internet potrebbe causare la «disintegrazione delle comunità» (righe 19-20). Che cosa significa?**
- [A] Che gli utenti di Internet formano una comunità virtuale che sostituisce i contatti personali.
- [B] Che gli utenti di Internet sono spesso impegnati in litigi furibondi.
- [C] Che su Internet circolano idee rivoluzionarie che mettono in pericolo il sistema sociale esistente.
- [D] Che Internet diffonde informazioni false che provocano danni ai singoli e all'intera comunità.

A10 **Che cosa significa l'espressione «plebisciti istantanei» (riga 20)?**
- [A] leggi di breve durata
- [B] il rapido formarsi di schieramenti di opinione su questioni di attualità
- [C] partiti politici di nuova formazione
- [D] scioperi frequenti

A11 **Che cosa dimostra la tabella riportata a p. 80?**
- [A] Che la televisione non incide in alcun mondo sul diffondersi della violenza.
- [B] Che la televisione è uno specchio fedele della realtà.
- [C] Che la televisione, trasmettendo un numero eccessivo di scene di violenza, influenza gli spettatori negativamente.
- [D] Che la televisione, trasmettendo un gran numero di scene di violenza, induce gli spettatori a provare disgusto per la violenza stessa e quindi svolge una funzione educativa.

A12 **Quali sono i dati che mancano nella tabella? (puoi indicare più di una risposta)**
- [A] l'anno della rilevazione
- [B] il numero totale delle scene di violenza
- [C] l'indicazione dei vari tipi di violenza
- [D] il titolo delle trasmissioni su cui sono state effettuate le rilevazioni

A13 **Quale, fra le seguenti affermazioni, è falsa?**
- [A] Nella tabella i dati vengono esposti in ordine decrescente partendo dalle scene che compaiono con maggiore frequenza.
- [B] Le scene più frequenti sono quelle che riguardano aggressioni gravi.
- [C] I danni alle cose superano la violenza contro le persone.
- [D] Nella tabella manca il numero degli omicidi.

A14 **Qual è la proporzione delle scene di aggressione, grave e semplice, che compaiono in televisione rispetto al totale delle scene di violenza?**
- [A] un quarto
- [B] un terzo
- [C] metà
- [D] due terzi

A15 **Quale valutazione è possibile ricavare dai dati riportati nella tabella?**

....

....

....

....

QUESITI GRAMMATICALI

B1 **In quale caso le cinque lettere seguenti sono state riportate nella loro corretta successione alfabetica?**
- [A] w - v - x - y - z
- [B] v - w - x - z - y
- [C] w - v - y - x - z
- [D] v - w - x - y - z

B2 **In quale frase la virgola è posta nella posizione sbagliata?**
- [A] Piero, potresti aiutarmi a riordinare la camera?
- [B] Ho chiesto a Piero, di aiutarmi a riordinare la camera.
- [C] Dammi una mano, Piero. Riordineremo la camera.
- [D] Dovendo riordinare la camera, ho chiesto a Piero di aiutarmi.

B3 **Qual è il significato del prefisso *auto* nella parola *autorete*?**

A contro
B dietro
C da sé
D male

B4 **Quale dei seguenti nomi di animali ha una sola forma per il maschile e per il femminile?**

A tigre
B leone
C gatto
D bue

B5 **Nella frase seguente, qual è la parola o la proposizione sostituita dal pronome *lo*?**

Mamma, Roberta è stata promossa, lo sapevi?

A il nome *Roberta*
B il nome *mamma*
C il verbo è *stata promossa*
D la proposizione *che Roberta è stata promossa*

B6 **Quale frase contiene un verbo fraseologico?**

A Mario, non devi più fumare.
B Mario, smettila di fumare.
C Mario, fumare fa male.
D Mario non vuole più fumare.

B7 **Fra le frasi sotto riportate, qual è di tipo semplice?**

A Non sapevo che tu fossi nato a Palermo.
B Sul giornale di oggi, nella prima pagina della cronaca sportiva, sono riportati i risultati delle partite di calcio della serie A.
C Per andare in Svizzera, siamo passati dal traforo del Gran San Bernardo.
D Aspetta, devo parlarti.

B8 **Di che tipo è la proposizione sottolineata?**

Finiti i compiti, andrò a giocare.

A causale esplicita
B causale implicita
C temporale esplicita
D temporale implicita

B9 **Inserisci nella tabella le parole sotto elencate.**

orchidea - marrone - rosa - fucsia - azzurro - tulipano - viola - papavero - blu - nero

parole che indicano dei fiori	....
parole che indicano dei colori	....
parole che indicano sia fiori sia colori	....

B10 **Indica quale, fra le parole seguenti, ha un significato più ampio rispetto alle altre.**

A balena
B cetaceo
C delfino
D mammifero

Alunno/a .... Classe .... Data ....

prova 17 Testo misto

La rivoluzione industriale

INCREMENTO DEL NUMERO DEI FUSI DI COTONE

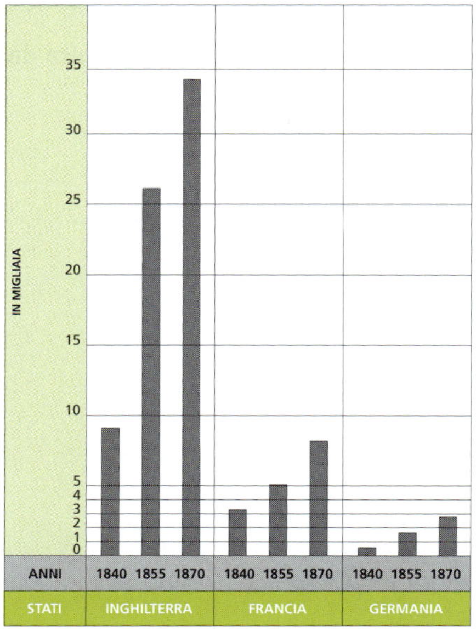

ESTRAZIONE DEL CARBONE FOSSILE

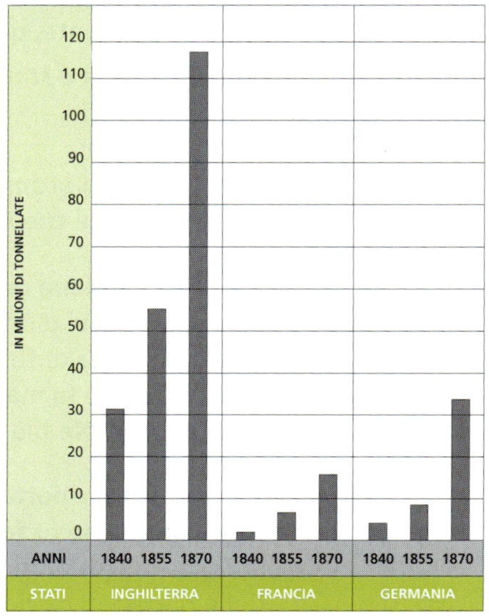

MACCHINE A VAPORE

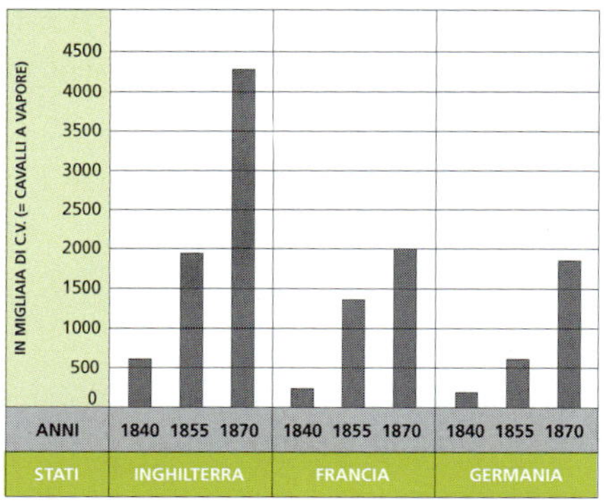

PRODUZIONE DI GHISA

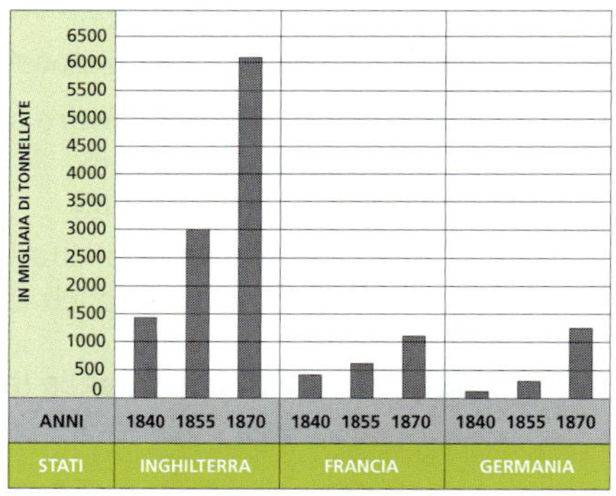

Aspetti dello sviluppo dell'economia industriale tra 1840 e 1870 in Inghilterra, Francia e Germania. Si noti in particolare l'alto indice di produttività raggiunto dall'Inghilterra nel campo tessile (fusi di cotone) e minerario con specifico riguardo alla produzione di carbon fossile, la cui funzione come fonte energetica restò determinante nel corso dell'intero XIX secolo: e ciò non tanto per il suo potere calorico, limitatamente superiore a quello del carbone di legna, quanto per la sua minore dispersione durante la fusione e per la sua adattabilità a forni delle più varie dimensioni, e per le immense riserve di cui l'Inghilterra disponeva. Non si dimentichi, d'altra parte, che il carbone (già allora definito «oro nero») risultava determinante per lo sviluppo della metallurgia. Tale settore verso la metà dell'Ottocento era in rapida espansione a causa delle continue innovazioni tecnologiche in ogni campo, da quello dell'agricoltura in via di meccanizzazione a quello dei trasporti, in progressiva e rapida trasformazione per l'utilizzazione della macchina a vapore. Un ultimo importante particolare strettamente collegato con la rivoluzione industriale si dimostrò il crescente interessamento nei riguardi dei problemi posti dalla tecnica di studiosi e progettisti di varia estrazione, impegnatisi in intense ricerche ed esperimentazioni di ogni tipo, di cui è giunta a noi testimonianza attraverso le registrazioni dei brevetti approvati nel corso di un sessantennio e passati da meno di 800 nel periodo 1770-1790 ai 7000 del periodo 1830-1850.

(da A. Brancati, *Civiltà nei secoli*, vol. 2, La Nuova Italia, Firenze, 1989)

A1 **Che intervallo di tempo intercorre fra le successive rilevazioni dei dati nei grafici riportati nella pagina a fianco?**

- [A] un anno
- [B] cinque anni
- [C] dieci anni
- [D] quindici anni

A2 **Quale, fra le nazioni considerate, risulta complessivamente più sviluppata sotto il profilo industriale?**

- [A] Inghilterra
- [B] Francia
- [C] Germania
- [D] sono tutte e tre, all'incirca, sullo stesso livello

A3 **In quale settore l'Inghilterra fa registrare il più basso incremento percentuale nel periodo che va dal 1855 al 1870?**

- [A] numero di fusi di cotone
- [B] estrazione di carbon fossile
- [C] numero di macchine a vapore
- [D] produzione di ghisa

A4 **In quale settore l'Inghilterra fa registrare il più alto incremento percentuale nel periodo che va dal 1855 al 1870?**

- [A] numero di fusi di cotone
- [B] estrazione di carbon fossile
- [C] numero di macchine a vapore
- [D] produzione di ghisa

A5 **In quale campo la differenza fra l'Inghilterra e la Germania è più forte?**

- [A] numero di fusi di cotone
- [B] estrazione di carbon fossile
- [C] numero di macchine a vapore
- [D] produzione di ghisa

A6 **In quale campo, relativamente ai dati del 1870, la differenza fra l'Inghilterra e la Germania è meno forte?**

- [A] numero di fusi di cotone
- [B] estrazione di carbon fossile
- [C] numero di macchine a vapore
- [D] produzione di ghisa

A7 **Indica i settori in cui la Francia, relativamente al 1870, ha una produzione superiore a quella tedesca (puoi indicare più di una risposta).**

- [A] numero di fusi di cotone
- [B] estrazione di carbon fossile
- [C] numero di macchine a vapore
- [D] produzione di ghisa

A8 **In quale anno la Francia giunge a produrre una potenza di due milioni di cavalli vapore?**

[A] 1840
[B] 1855
[C] 1870
[D] in nessun periodo

A9 **In quale periodo il numero di macchine a vapore presenti in Germania è all'incirca uguale a quello delle macchine presenti in Inghilterra nel 1840?**

[A] 1840
[B] 1855
[C] 1870
[D] in nessun periodo

A10 **In che percentuale aumenta, in Inghilterra, la produzione di ghisa fra il 1855 e il 1870?**

[A] 10% circa
[B] 50% circa
[C] 80% circa
[D] 100% circa

A11 **In quale settore la Germania, partita con numeri inferiori rispetto alla Francia, la supera nel 1870?**

[A] numero di fusi di cotone
[B] estrazione di carbon fossile
[C] numero di macchine a vapore
[D] produzione di ghisa

A12 **In quale settore, nel 1870, la somma della produzione francese e tedesca supera quella inglese?**

[A] numero di fusi di cotone
[B] estrazione di carbon fossile
[C] numero di macchine a vapore
[D] nessun settore

A13 **Quale dei seguenti motivi ha meno importanza nella scelta, nel corso del XIX secolo, in Inghilterra, del carbon fossile come fonte di energia, invece della legna?**

[A] il suo potere calorico
[B] la minor dispersione durante la fusione
[C] la sua adattabilità a forni di diverse dimensioni
[D] le grandi riserve disponibili nell'isola

A14 **Una sola delle seguenti affermazioni è vera. Quale?**

[A] L'agricoltura non fu interessata in alcun modo dalle trasformazioni tecnologiche avvenute nel corso dell'Ottocento.
[B] L'agricoltura fu il settore maggiormente interessato dalle trasformazioni tecnologiche avvenute nel corso dell'Ottocento
[C] L'agricoltura, nel corso dell'Ottocento, subì un forte processo di meccanizzazione, al pari di altri settori.

A15 **Quale dato dimostra l'accresciuto interesse per la ricerca in campo tecnologico?**

....

QUESITI GRAMMATICALI

B1 **In quale parola sono presenti uno o più dittonghi?**

[A] leone
[B] felino
[C] leopardo
[D] giaguaro

B2 **Quale delle seguenti parole è sdrucciola?**

- [A] uragano
- [B] abilità
- [C] dateglielo
- [D] cattedra

B3 **Quale segno grafico si utilizza per indicare che una parte del testo riportato è stata tagliata?**

- [A] virgolette alte
- [B] asterisco
- [C] parentesi quadre
- [D] parentesi tonde

B4 **In quale frase è presente una preposizione articolata?**

- [A] Faremo una grande festa al tuo ritorno.
- [B] Quando ritornerai faremo una grande festa.
- [C] Per il tuo ritorno faremo una grande festa.
- [D] Quando sarai di ritorno faremo una grande festa.

B5 **Quale, fra i seguenti verbi, è intransitivo?**

- [A] aspettare
- [B] mugolare
- [C] chiamare
- [D] eleggere

B6 **In quale frase è presente un articolo partitivo?**

- [A] Qui, Quo e Qua sono iscritti al club delle Giovani marmotte.
- [B] Hai delle giustificazioni valide per il tuo comportamento?
- [C] La più giovane delle sorelle Sensini si sposerà domani.
- [D] La piramide di Cheope è la più imponente delle piramidi egizie.

B7 **Quale frase contiene un predicato nominale?**

- [A] Il nuovo allievo è stato ben accolto dai compagni di classe.
- [B] Sono scivolato su una buccia di banana, ma non mi sono fatto male.
- [C] Il cielo è nuvoloso e minaccia pioggia.
- [D] Questo terreno è del Comune.

B8 **Quale, fra le seguenti parole, è un falso alterato?**

- [A] bottino
- [B] gattino
- [C] nasino
- [D] chiodino

B9 **Quali, fra le seguenti parole, fanno parte della stessa famiglia?**

scaldare - soleggiato - caldissimo - tiepidino - scaldabagno - accaldato - caldarrosta - calduccio - freddoloso - infuocato - candela - torrido - deserto - caldeo - riscaldamento

....

....

B10 **Qual è il significato del prefissoide "tele" nelle parole sotto riportate?**

televisione - telescopio - teleriscaldamento

- [A] sotto
- [B] sopra
- [C] vicino
- [D] lontano

Alunno/a .... Classe .... Data ....

Testo misto

La crisi del 1929

Nel 1929 gran parte dell'economia mondiale fu colpita da una gravissima crisi finanziaria ed economica. I grafici sotto riportati, tratti da *Il nuovo atlante storico*, Zanichelli, descrivono l'andamento di alcuni indicatori socio-economici delle nazioni più ricche del mondo occidentale.

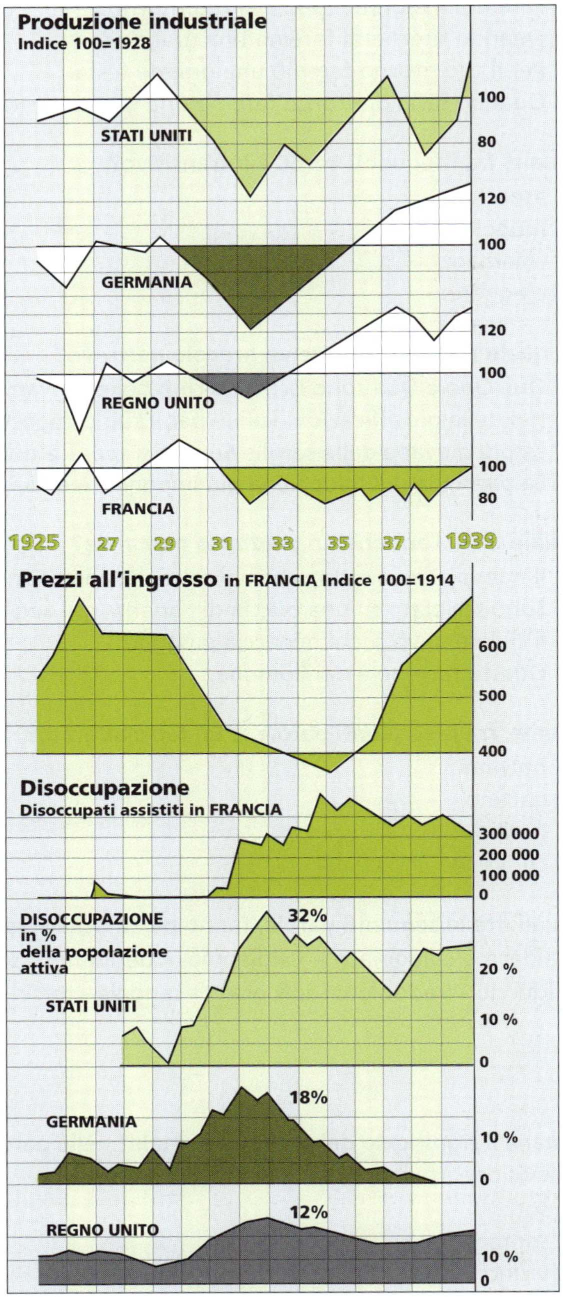

(da *Il nuovo atlante storico*, Zanichelli, Bologna, 2006)

A1 **In quale anno, nel decennio 1929-1939, la produzione industriale dei Paesi esaminati tocca il livello più basso?**

A 1929
B 1931
C 1932
D 1933

A2 **In quale Paese la produzione industriale ha subito, nell'anno 1932, la diminuzione minore?**

A Stati Uniti
B Germania
C Regno Unito
D Francia

A3 **In quale Paese la produzione industriale è ritornata, nel 1939, allo stesso livello del 1928?**

A Stati Uniti
B Germania
C Regno Unito
D Francia

A4 **In quale Paese la produzione industriale, a partire dal 1932, ha ripreso a crescere in maniera continua, senza più flessioni?**

A Stati Uniti
B Germania
C Regno Unito
D Francia

A5 **In quale anno la produzione industriale del Regno Unito tocca il suo punto più basso?**

A 1925
B 1926
C 1931
D 1932

A6 **In quale Paese la produzione industriale presenta il maggior numero di oscillazioni?**

A Stati Uniti
B Germania
C Regno Unito
D Francia

A7 **La produzione di quale Paese, nel 1938, ha subito il calo più forte rispetto al 1928?**

A Stati Uniti
B Germania
C Regno Unito
D Francia

A8 **In quale biennio i prezzi all'ingrosso hanno toccato, in Francia, i livelli più bassi?**

A 1925-26
B 1928-29
C 1932-33
D 1934-35

A9 **In quale anno i prezzi francesi all'ingrosso eguagliano i livelli del 1926?**

A 1928
B 1935
C 1938
D 1939

A10 **In quale biennio i prezzi registrano una sostanziale stabilità?**

A 1925-26
B 1927-28
C 1934-35
D 1938-39

A11 **A quale livello sono i prezzi all'inizio dell'anno 1925?**

A 450
B 500
C 550
D 600

A12 **Qual è, in Francia, il rapporto fra il livello dei prezzi e quello della disoccupazione?**

A Quando aumenta la disoccupazione aumentano i prezzi.
B Quando aumenta la disoccupazione diminuiscono i prezzi.
C Quando aumenta la disoccupazione i prezzi rimangono stabili.
D Non c'è alcun rapporto fra le due grandezze.

A13 **In quale anno la disoccupazione negli Stati Uniti, in Germania e nel Regno Unito ha raggiunto i picchi più alti?**

A 1930
B 1932
C 1935
D 1938

A14 **In quale anno la disoccupazione negli Stati Uniti, in Germania e nel Regno Unito ha toccato il livello più basso?**

A 1929
B 1931
C 1932
D 1937

A15 **In quale Paese il grafico della disoccupazione presenta un andamento più costante?**

A Francia
B Stati Uniti
C Germania
D Regno Unito

QUESITI GRAMMATICALI

B1 **In quale dei seguenti casi occorre scrivere il nome con l'iniziale maiuscola?**

A nomi dei giorni della settimana
B nomi dei mesi
C nomi delle stagioni
D nomi delle festività

B2 **Quale segno d'interpunzione occorre inserire per completare la frase seguente? Scrivilo sui puntini.**

Per realizzare questo piatto occorrono .... mezzo chilo di penne corte, tre o quattro pomodori da sugo, un etto di pancetta affumicata, cipolla, peperoncino piccante, olio di oliva e sale.

B3 **Quale delle seguenti forme aggettivali è errata?**

A più buono
B il più buono
C migliore
D più migliore

B4 **In quale frase il pronome *che* è usato in maniera errata?**

A Ti presento Franca, l'amica che ti avevo parlato.
B Il libro descrive le vicende di un esploratore che si addentra nella foresta amazzonica.
C Dice il proverbio: can che abbaia non morde.
D Il gattino che abbiamo preso si chiama Silvestro.

B5 **Quale, fra le espressioni sotto riportate, è una locuzione avverbiale di tempo?**

A alla buona
B una volta
C a volontà
D di sicuro

B6 **Coniuga il verbo *mangiare* nei modi, nei tempi, nelle persone e nelle forme richiesti.**

indicativo, trapassato remoto, 2ª persona singolare, forma attiva	....
indicativo, trapassato remoto, 2ª persona singolare, forma passiva	....

B7 **Leggi la seguente proposizione, quindi trascrivi nella tabella le parti che la compongono.**

Sulla piccola città si addensava una spessa coltre di nuvole scure e minacciose.

soggetto	....
attributo del soggetto	....
predicato verbale	....
complementi	....
attributi dei complementi	....

B8 **Riscrivi il periodo trasformando la proposizione condizionale esplicita in condizionale implicita.**

Se tu volessi, potresti aiutarmi.

....

B9 **In quale frase è utilizzato un linguaggio informale?**

A Datti una mossa, pelandrone, il treno parte fra un'ora e tu devi ancora vestirti!
B Il Mediterraneo fu detto dai Romani *mare nostrum*, perché essi erano padroni di tutte le terre che vi si affacciavano.
C Per favore, potrebbe darmi una busta e un francobollo?
D Ricordiamo all'utente che il rilascio dell'attestato di sosta rinnovato non avverrà contestualmente alla presentazione della richiesta, ma recapitato al Suo indirizzo.

B10 **In quale frase la parola *marea* è usata in senso figurato?**

A Con l'alta marea questi scogli vengono completamente sommersi.
B Gigi è sommerso da una marea di debiti.
C In alcuni Paesi si produce energia elettrica sfruttando il flusso delle maree.
D La marea è l'alterno e periodico abbassamento e innalzamento del livello del mare.